独裁者ヒトラーの時代を生きる

演説に魅入られた人びとと「つまずき石」

大島隆之
NHKエンタープライズディレクター

集英社

はじめに

その金色に輝く小さな「石」は、かつてこの場所にひとりの男が生きていたことを、何より雄弁に物語っていた。時代の波に翻弄《ほんろう》され、金色の輝きとは不釣り合いな過酷な運命を生きた男が、いたということを……。

二〇一八年、平成という時代の最後の一〇月、僕はドイツ北西部の港町ハンブルクを訪ねた。エルベ川の河口に位置し、ヨーロッパ指折りと言われた造船業で栄えた町だ。造船業が廃《すた》れた今も、ドイツの水運の一大拠点として、巨大なコンテナ船がひっきりなしに川を行き来する。そんなハンブルクの中心部から一〇キロほど離れた郊外の住宅街「アルトナ地区」のエーベルト並木通り二〇三番地に、その「石」はある。もう少し正確に言えば、一九二〇年代に建てられた小さな一軒家の前の歩道に埋められている。金メッキが施された「石」には、黒色の文字で、こう刻まれている。

ここに、レオポルト・ジーモンゾーンという男が暮らしていた。

生誕は一八八三年。一九三八年に逮捕され、ザクセンハウゼン強制収容所へ送られた。

一九三九年一二月一〇日に死亡した。

だが、このレオポルト・ジーモンゾーンという男のたどった運命は、彼が生きた時代のドイツでは決して珍しいものではなかった。それは、これとまったく同じ金色の石が、ドイツ各地の歩道に一〇万個近く埋められていることからも分かる。これらの人びとを死に追いやったのが、レオポルトさんが生まれた六年後にこの世に生を受けた、アドルフ・ヒトラーだった。一九三三年に四三歳の若さでドイツ首相となったヒトラーは、みずからが理想とする国家建設の邪魔となる者を排除し、強制収容所へと追いやった。そして、国民の熱狂を追い風に第二次世界大戦を引き起こし、ヨーロッパを地獄に変え、一九四五年のドイツ敗戦とともにみずから命を絶った。

ただ、この「稀代《きたい》の独裁者」ヒトラーが、現代を生きる僕たちにとって決して無縁であると言い切れないのは、彼が「ヨーロッパで最も民主的」と言われたワイマール憲法のもと、現在の日本やドイツで行われているのと同じような議会選挙を経て首相に選ばれたという事実があるからだ。なぜ人びとは、ヒトラーを国の指導者に選んだのか。なぜ人びとは、収容所へと送られる者たちを見殺しにし、ヒトラーと共に戦争へと突き進んでいったのか。そんな疑問をドイツ国民に提起し、自省をうながすため同じドイツ人の手によって埋められたのが、ヒトラーの時代の犠牲者を悼むための石、金色に輝く「Stolperstein」、日本語でいう「つまずき石」だった。

これらの「なぜ」に対する答えはさまざまあり得るが、最も説得力のある答えのひとつが、ヒトラーの「演説家」としての巧みさにあるとする見方だ。ヒトラーは、「アーリア人」という架空の民族集団をでっちあげ、ユダヤ人などそれに属さない者を容赦なく攻撃する、今でいう「ヘイトスピーチ」の稀代の操り手だった。実際、彼の「ヘイトスピーチ」は、当時、多くのドイツ人の心を惹きつけた。ヒトラーの演説を捉えた映像には、会場に集まった数万、数十万の人びとを熱狂に巻き込んでいく様子が克明に映し出されている。

そこで、二〇一八年秋、僕はヒトラーの演説を直接聞いたことのある方々をドイツ各地に訪ね、インタビューを行い、ひとつの番組にまとめあげるための取材にとりかかった。取材に応えてくださったのは、生まれも育ちもさまざまな、八七歳から一〇三歳までの一六人。そのうち一二人に、ロングインタビューを行った。初めて演説を聞いた時の印象、ヒトラーの言葉を熱烈に支持した心情、あるいは疑問を持ったにもかかわらず何も言い出せなかった胸のうち、そして戦後、みずからの犯した過ちと向き合ってきた日々に至るまで、ひとつひとつ、時間をかけて聞いていった。その結果、膨大な証言が集まった。

一方、これらのインタビューとはまったく違う角度からヒトラーの演説に光を当て、番組に深みを与えてくれたのが、言語学者で学習院大学教授の高田博行さんの研究だった。高田教授は、ヒトラーが「ナチ党（国民社会主義ドイツ労働者党）」の前身である「ドイツ労働者党」の弁士だった一九一九年一〇月に行った「記録として残る最古の」演説から、一九四五年一月三〇日の最後の演説まで、二五年に及ぶ演説記録をもとに一五〇万語にのぼるデータベースを作成し、言語学者ならではの視点から研究を重ねてきた。その成果は、すでに『ヒトラー演説』（中公新書）にまとめられているが、それらの分析結果に加え、高田教授がこれまで長い年月をかけ収集したヒトラー演説の映像・音声資料も、ご厚意により番組の中でふんだんに使用させていただいた。こうして、二〇一九（平成三一）年二月三日にNHK-BS1で放送したドキュメンタリー、『独裁者ヒトラー　演説の魔力』は完成した。

インタビューに応えてくれた人の多くが、時にこちらが、「ここまで率直に語ってしまって、大丈夫なのだろうか」と思ってしまうほどに、かつてヒトラーに熱狂したみずからの思いを赤裸々に語ってくれている。番組を見たドイツ人の大学教授が、「あの時代の熱狂が、初めて生々しく伝わってきた。もし同じ時代に生まれていれば、自分も同じ行動をとっていたかもしれないということを考えてもらう手助けになる」という感想を寄せてくれたことからも、その言葉はドイツ人自身の心を打つものでもあったようだ。

どうして今回、そのような声が集まったのか。それは、戦後七〇年を過ぎた今だから、ということも大きく関係しているかもしれない。彼ら彼女らは、残り少なくなった人生の中で、あの時代を生きた心情を率直に語れる機会を待っていたのだろう。そこにタイミングよく僕らが現れ、あなたの過ちを糾弾《きゅうだん》するつもりはないこと、洗いざらい語り残してもらうことが僕たち次の世代への「戒め《いまし》」となることを伝えたため、長く封印してきたみずからの思いをカメラの前で解き放ってくださったのだろう。そう考えている。

放送した番組は一〇〇分に及ぶもので、全編にわたり彼らのインタビューを中心に構成していたものの、番組で紹介できた証言は、ごく一部だった。そこで、それ以外の言葉たちを「未使用素材」として埋もれさせないため、書籍という形でまとめさせていただくことになった。この書籍で紹介する証言のすべてが、「ロングインタビュー」の中で語られたものだ。

ちなみに、今回「ロングインタビュー」という手法を取ったのには、理由がある。通常の番組作りでは、ディレクターは、取材をし、構成を書き、それを指針に撮影を進める。だがそのような手順で撮られるインタビューは、往々にして、構成に当てはめるためのものになりがちであり、都合のいい言葉を切り取るためだけのものに堕《だ》してしまう危険と常に隣り合わせだ。そのため僕は、基本的にどのような番組でも、相手の時間と体力の許す限り、構成をいったん離れたロングインタビューを行い、インタビュー相手との対話そのものを記録しながら、興味を引かれるところ、疑問を感じるところ、本質的だと思われるところをつきつめていく方法を取ることにしている。それは、これまで一五年近く、戦争証言の取材を続ける中で身に付けてきたスタイルで、ひとりあたりのインタビュー素材は膨大になる一方、そうして引き出された言葉は筋書きのないドキュメンタリーであり、本質的で力強いものとなる。インタビューする側とされる側が、一緒に疑問に向き合い、一緒に思索し、ひとつの答えにたどり着く。本書の言葉は、そうした作業に証言者の皆さんが辛抱づよく付き合ってくださった賜物だ。

この書籍が発売される二〇二〇年四月で、ヒトラーがベルリンの地下壕で自殺してから七五年になる。遠い昔の話をしているように聞こえるかもしれない。だが、現在世界的大流行に陥っている新型コロナウイルスひとつを例にとってみても、ひとたび先の見えない不安な状況に追いこまれるや、日本のみならず世界中で、不寛容で差別的な言葉が飛び交う有様である。そんな人間の変わらぬ「業」を目のあたりにする今だからこそ、かつてヒトラーの時代を生きた人びとの告白に耳を傾けることで、この不透明な時代を生きるヒントを探っていきたいと思う。

NHKエンタープライズ　ディレクター　大島隆之

『独裁者ヒトラーの時代を生きる　演説に魅入られた人びとと「つまずき石」』目次

注：本文の（*）の番号は巻末の参考・引用資料一覧の数字に対応しています。

本書に登場する主な方々

エーディト・バートシュトゥープナーさん
1925年ベルリン近郊生まれ。戦後は西ベルリンで結婚。英語教師。

アンナ・ドレングラーさん
1915年ラウインゲン村生まれ。1940年に結婚。以後、ミュンヘン近郊で暮らす。

クラウス・マウエルスハーゲンさん
1925年フランクフルト近郊生まれ。戦後は企業の営業職として西ドイツ各地を転々。

ヴィルヘルム・ジーモンゾーンさん
1919年ハンブルク生まれ。戦後は故郷ハンブルクの病院や大学で事務職。

エーファ・ティムさん
1926年ベルリン生まれ。戦後はモデルやヘアメイクとして働く。結婚し、ミュールハイムで暮らす。

ローゼマリー・ベンダー=ラスムスさん
1924年ポツダム近郊生まれ。戦後は東ベルリンで結婚。美術教師。

ホルスト・ヘックマンさん
1928年ミュールハイム生まれ。戦後は東ドイツで小学校の教師。1955年に亡命し、以後、故郷で会社員。

ヘルガ・ヴェルデンさん
1926年ベルリン生まれ。戦後は西ベルリンで結婚。学校教師やソーシャルワーカー。

ルートヴィッヒ・シュレアーさん
1930年ベルヒテスガーデン生まれ。戦後は実家の雑貨屋を継ぎ、タバコ卸売り業を営む。

ハンス・ヘラーさん
1927年マグデブルク生まれ。戦後は西ドイツの大学で経営学、法学、歴史学を修める。

クラウス・ギュンターさん
1931年ハンブルク生まれ。戦後は西ドイツの印刷業界でコピーライター。

ヴォルフガング・ブロックマンさん
1927年リューベック生まれ。戦後は東ベルリンで学校教師。国語、美術を教える。

ドイツの領土拡張1935-1939年

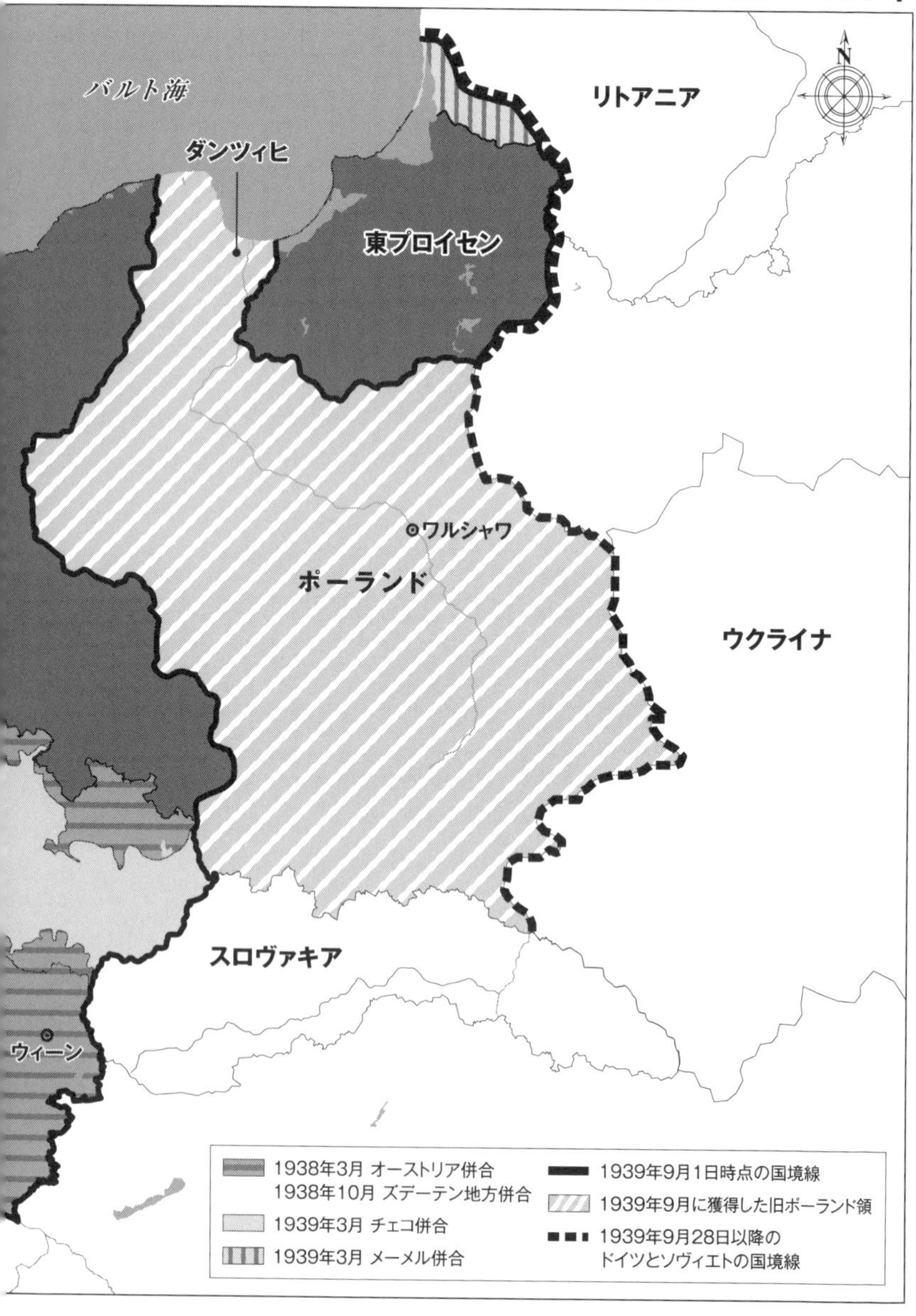

バルト海
ダンツィヒ
リトアニア
東プロイセン
ワルシャワ
ポーランド
ウクライナ
スロヴァキア
ウィーン
N
1938年3月 オーストリア併合
1938年10月 ズデーテン地方併合
1939年3月 チェコ併合
1939年3月 メーメル併合
1939年9月1日時点の国境線
1939年9月に獲得した旧ポーランド領
1939年9月28日以降の
ドイツとソヴィエトの国境線

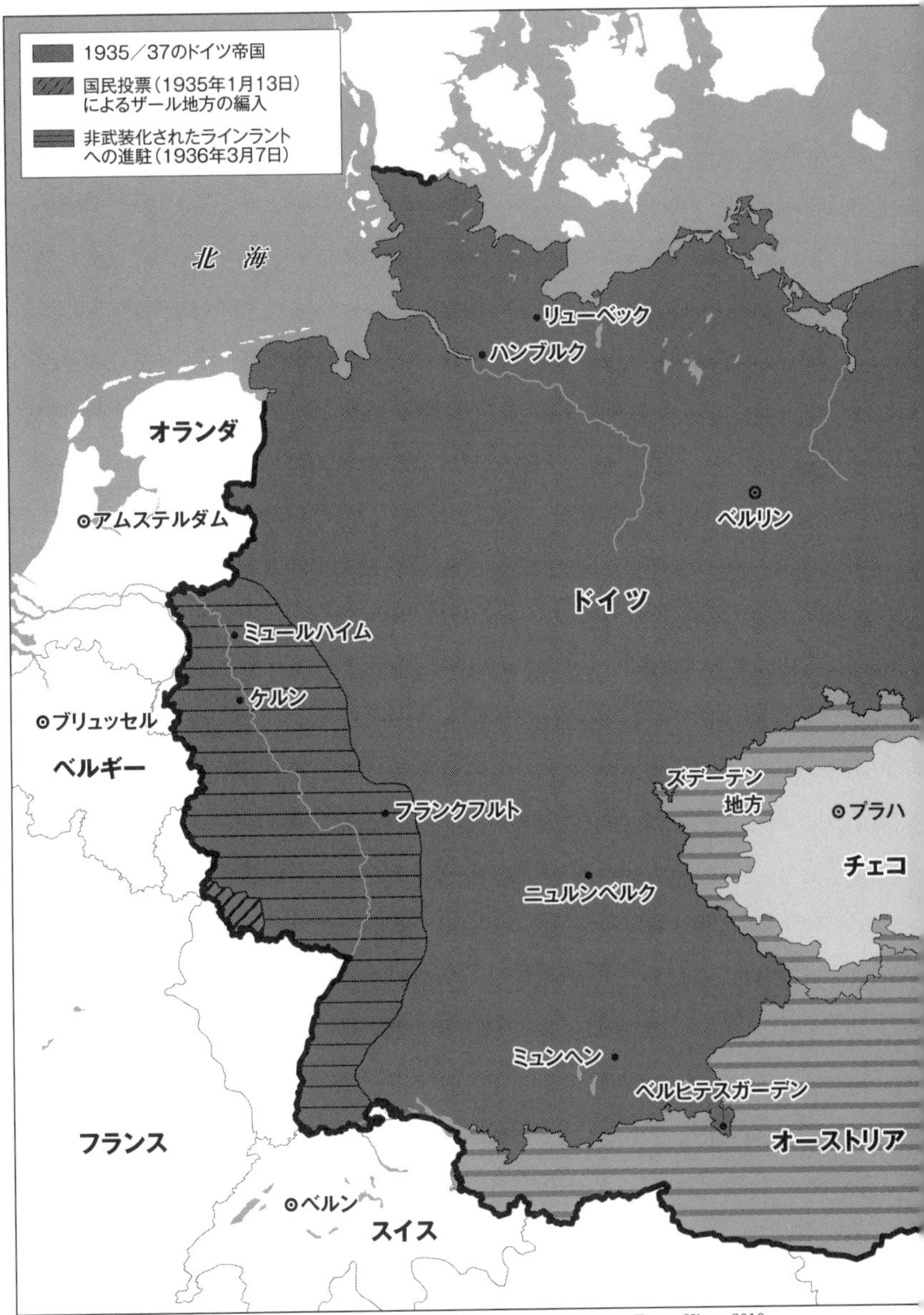

Hans Ulrich Rudolf / Vadim Oswalt, Taschen Atlas. Weltgeschichte, Stuttgart: Ernst Klett, 2010
※上記の地図を参考に編集部で作成しました。

レオポルト・ジーモンゾーンさんのつまずき石

第1章

言葉の魔力

ヒトラーを一目見てみたい

ヒトラーの演説を聞き、その言葉に人生を翻弄された人びとへのインタビュー取材は、二〇一八年秋、ドイツ南東部のミュンヘンから始まった。ミュンヘンは一二世紀以来、バイエルン地方の中心都市として栄えてきた街で、一九世紀、バイエルン王国がドイツ帝国に加わったことにより、その一部となった。現在は、自動車メーカー「ＢＭＷ」や、世界有数のサッカークラブ「バイエルン・ミュンヘン」などで知られる、ドイツ有数の経済・文化の中心地だ。なぜ旅の始まりにミュンヘンを選んだのか。それはここが、ヒトラーが演説家としての第一歩を踏み出した街だったからだ。

日本からの直行便でミュンヘンに到着した僕は、その夜、ホテルのロビーでひとりのドイツ人女性と落ち合った。今回、長期にわたるインタビュー取材を共にする、フランクフルト在住のコーディネーター、ベティーナさんだ。これまで数々のドキュメンタリー番組を手がけ、ドイツの近現代史に造詣《ぞうけい》の深いベティーナさんですら、今回の依頼には難儀をしていた。それは、ヒトラーの演説をテーマに取材を進めるうえで、ヒトラーが首相になる一九三三年以前の証言をしてくれる人を何とか探したいと思っていたからだった。一九三三年に生まれた人ですら、取材を行った二〇一八年の時点で八四、五歳で、演説を聞いたことがあるためにはもっと年上でなければならないが、健康で記憶も定かな方となると、必然的に数が限られてくる。

　そうした中ベティーナさんが探し出してくれたのが、今回話を聞いた中で最も高齢、一〇三歳の女性だった。どうやらミュンヘンで演説しているヒトラーを見たことがあり、彼女を知る人によれば、記憶もしっかりしているという。いったいどんな話を聞かせてもらえるのか。期待を胸に、さっそく次の日の朝、ミュンヘン郊外の街ランズフートに向かった。町の中心にそびえる教会の脇、教会が運営する老人ホームを約束の時間に訪ね、職員の案内で一階奥にある彼女の部屋に通される。日当たりが良く風がさわやかに吹き抜けるその部屋で、女性は、修道女が着るような黒いワンピースに小さな十字架の首飾りをつけ、穏やかな笑みとともに僕たちを迎えてくれた。

　彼女の名は、アンナ・ドレングラーさん。第一次世界大戦さなかの一九一五年に生まれ

アンナ・ドレングラーさん。自室にて

た。大戦に出征していた父は、戦争が終わる九日前の一九一八年一一月二日に戦死し、アンナさんは、敗戦後の混乱の中、母親により女手ひとつで育てられた。一五歳で学校を卒業したものの、田舎の町では良い働き口が見つからず、一八歳の時、職を求めて叔父と叔母が暮らすミュンヘンにやって来た。そこで、演説をするヒトラーに出くわしたのだという。それは、一九三三年五月、ヒトラーが首相になってわずか四か月後のことだった。

二〇歳の頃のアンナさん

「あの日は、叔父と叔母と一緒に、教会の五月礼拝に行きました。教会の中は花で飾り付けられていました。お祈りを捧げ、聖母マリアの讃美歌を歌い、今年の夏も良い収穫があるようにと祈りました。

礼拝が終わり、みんなで教会を出ると、ものすごい人だかりになっていました。そこでヒトラーが演説していたのです。当時、叔父の家にはラジオがなかったので、『何を話しているのか、聞いてみたい』と叔父にお願いしました」

Q．どうしてそう思ったのですか？

「好奇心からです。彼をこの目で見て、どんな話をするのか聞いてみたかったのです。街の広場などで行われる彼の演説は、当時評判だったのですが、それまで、噂の範囲でしか知りませんでしたから。私は新聞を読まなかったので、演説の内容や彼自身について、知る機会がなかったのです」

この日、彼女が祈りを捧げていたのは、ミュンヘンの中心部にある聖テアティナー教会だった。一七世紀に建てられた、ミュンヘンを代表するカトリック教会のひとつで、内壁には全面に漆喰の装飾が施され、荘厳な造りとなっている。その聖テアティナー教会を一歩出ると、そこには「オデオン広場」があり、一九世紀、バイエルン王国時代に建てら

聖テアティナー教会。入り口付近より奥を望む

れた「フェルトヘルンハレ」というバイエルン軍の記念廟があって、市民の憩いの場となっている。その広場で、その日、ヒトラーが演説を行っていたのだ。

アンナさんの話で興味深かったのは、日々祈りを欠かさないほど信心深く、政治には特に興味もなかったという彼女が、反射的に興味を惹かれ、「ヒトラーを一目見てみたい」と思ったということだった。その時のことを話してくれた時のアンナさんは、一〇代後半の女の子を思わせるようなミーハーな語り口で、ヒトラーという男の話を聞いていることを一瞬忘れさせるほどだった。当時のアンナさんにとってヒトラーとは、危険な思想の持ち主などではなく、世間の注目を集める「時の人」という存在だったようだ。

「残念ながら、聞こうと思った時、演説は終わってしまいました。演説が終わると『旗を高く掲げよ』というナチ党の歌を合唱するのが、当時の通例でした。そして右手を斜めに突き出す、『ナチ式敬礼』をするのです。

もちろん、私も叔母もやりました。周りの人もみんなやっていたし、そういう場であれば、一緒になってやるものでしょ。ただひとり、叔父だけは敬礼しませんでした。すると、どこからか女性が近づいてきてこう尋ねました。『なぜ敬礼しないのですか?』と。それに対し叔父は『あなたには関係ないことです』と答え、私たちを連れてその場を立ち去りました」

アンナさんも叔母も、ナチ党の支持者ではなかった。そんな彼女たちですら瞬時に巻き込んでしまうような同調圧力が、広場を支配していたことが分かる。その日、ヒトラーはこの広場でどんな演説をしていたのか。ヒトラーの演説記録を確認してみたところ、五月二七日にミュンヘンで演説を行っていることは分かったが、それがこの広場での演説なのかどうか、その詳細な内容までは分からなかった。ただ、同じ年の一一月九日、まさに同じ場所でヒトラーが演説している映像を見つけることができた。右手には聖テアティナー教会、正面奥にはフェルトヘルンハレが見え、広場を埋め尽くした群衆が、「ナチ式敬礼」をしている。まさにこのような群衆の中に、アンナさんたちもいたのだろう。映像の中のヒトラーは、フェルトヘルンハレの正面に造られた演台から、人びとに向け、この

オデオン広場で行われた演説の映像より。正面奥がフェルトヘルンハレ（１９３３年11月９日）

© British Movietone

ように語りかけていた。

「私の古くからの親衛隊たちよ。あれから一〇年が過ぎ、私は今、この上ない幸福に包まれている。かねてからの私の希望がかなったからだ。我々はともに集い、ついに国民はひとつになった。ドイツは二度とこの団結を失うことはないだろう」

ヒトラーが懐かしく振り返ったこの一〇年間は、彼が演説家としての地位を不動のものとする過程でもあった。ちょうど一〇年前の一九二三年一一月、この街には、人びとに反乱を呼びかけるヒトラーの声が響き渡っていた。当時、ミュンヘンを中心に活動する地方政党に過ぎなかった「ナチ党」を率いるヒトラーが、国家の転覆をもくろみ、武装蜂起を起こしたのだった。いわゆる「ミュンヘン一

フェルトヘルンハレ前の演台で演説するヒトラー

© British Movietone

挨」である。

なぜヒトラーは、武装蜂起に踏み切ったのか。その答えを探るには、そのさらに一〇年ほど前、一九一四年に始まった第一次世界大戦にまでさかのぼらなければならない。

一九一四年、ミュンヘンで売れない絵描きをしていた二五歳のヒトラーは、世界大戦勃発の知らせを聞くとすぐさま軍に志願し、戦場へと向かった。

ヒトラーはいったいどのような兵士だったのか。同じ部隊にいた戦友が、次のように書き残している。「彼はたばこをすわず、酒を飲まず、（略）兵士としては熱心すぎる態度をとった。（略）部隊生活についてこぼすこともなく、上官の悪口もいわず、平和をあこがれることもなかったであろう。（略）彼だけが、軍隊生活の危険で殺風景な環境に順応して、これを楽しんでいたのである」（＊1）

やがてヒトラーは「伝令兵」という危険な任務を与えられるようになる。戦場を駆けまわり、塹壕《ざんごう》から塹壕へ命令を伝える重要な任務を、ヒトラーは忠実にこなしたという。そしてその功績が評価されて、一兵士に授けられることは極めてまれな「第一級鉄十字章」という勲章を受ける栄誉も手にしている。

命を賭け、五年にわたって戦い抜いたヒトラーにとって、ドイツの敗戦は受け入れがたいものだった。この知らせをヒトラーは、陸軍病院のベッドの上で聞いている。前月に戦場で毒ガス攻撃を受け、九死に一生を得ていたのだ。特に衝撃を受けたのが、ドイツの降伏そのものが、ある軍港で発生した水兵の反乱が引き金となり、厭戦《えんせん》気分が蔓延《まんえん》していたドイツ全土に革命の機運が広がって引き起こされたという事実だった。そして革命を煽《あお》った人びとが共産主義の影響を強く受けており、その中にユダヤ人も多く含まれていたことから、ドイツは「背後からの一突き」によって敗けた、それを操っていたのが、「共産主義者」と「ユダヤ人」だ、という考えに取りつかれていくようになる。この時の屈辱が、ミュンヘン一揆、ひいてはその後の政権奪取への原動力となっていく。

敗戦国となったドイツは、戦勝国との間で結ばされた「ヴェルサイユ条約」で、莫大な賠償金を課せられ、深刻な不景気に見舞われることになる。陸軍病院を退院したヒトラーは、一九一九年九月、民族主義的な思想を労働者や中産階級に広めるためミュンヘンで設立された政党「ドイツ労働者党」に入党し、やがて弁舌の才能を見いだされて、党を代表する演説家として頭角を現していく。

そんなヒトラーの演説の舞台となったのが、ミュンヘンに数多く存在するビアホールだった。それらの中で、当時の雰囲気を最も残していると言われるのが、街の中心にある「ホーフブロイハウス」だ。一六世紀、バイエルン公の命によりビール醸造所として開業したのがはじまりで、一九世紀前半、醸造所にビアホールが併設され、今に至っている。一〇三歳のアンナさんを訪ねた翌日、僕はこのホーフブロイハウスで、ミュンヘン生まれの郷土史家、クラウス・ライショルトさんに会った。大学で歴史学を修めたライショルトさんは、ジャーナリストとして長く活躍し、現在は学校などを中心にバイエルン地方の近現代史を教えるNGOを運営している。大きなホールを埋め尽くすように縦長のテーブルが並び、一リットルもある大ジョッキを手にした人びとが賑やかに語り合う。現在は世界中から観光客が訪れるこのビアホールだが、ヒトラーの時代は、ミュンヘンの人びとが集い、時に楽団の演奏に合わせて愉快に飲み、時に熱い政治談議を交わす、社交の場だったとライシショルトさんは言う。こうした騒々しい場所で酔客を相手に行われる演説会は一種の「ショー」であり、弁士には言葉巧みに聴衆の心を摑み熱狂させる「エンターテイナー」としての才能が要求された。

ヒトラーの演説はたちまち評判となり、「ドイツ労働者党」の演説会は多くの客を集めるようになっていった。そしてヒトラーが入党して半年にも満たない一九二〇年二月二四日、ホーフブロイハウス三階にある大ホールで、二〇〇〇人の聴衆を集め、「国民社会主義ドイツ労働者党（以後ナチ党と表記）」の創立集会が開かれた。この日ヒトラーは、二五か条の党の綱領を読み上げる重要な役割を任されている。ドイツ民族だけをドイツ人と認め、ドイツ民族の福祉のための国家建設を目指すという過激な内容なのだが、その中で、排除されるべき民族として名指しされたのが、「ユダヤ人」だった。さらに、唾棄《だき》すべき思想として「共産主義」も挙げており、集まった人びとはそうしたヒトラーの言葉に拍手喝采を送ったという。

学習院大学の高田博行教授が作成した、一九一九年一〇月から一九四五年一月までに及ぶヒトラーの演説リストを見ると、この頃ヒトラーは、数日に一回、平日休日を問わず、ミュンヘン各地のビアホールで演説を行っている。聴衆の数は、およそ一〇〇〇人から四〇〇〇人。内容は、反ユダヤ主義の演説が多くを占めていた。

例えば一九二〇年八月一三日にはホーフブロイハウスで「我々はなぜ反ユダヤ主義者なのか」という題目で、二〇〇〇人の聴衆を前に熱弁を振るっている。聴衆は、中流サラリーマンや労働者が中心だが、四分の一を女性が占めていた。高田教授がヒトラーの全演説を集計した「一五〇万語データ」によると、八月一三日の演説でヒトラーが最も多く発した名詞は「ユダヤ人」で、七八回も使われていたという。ヒトラーは、ナチ党がユダヤ人に対する戦いの先頭に立っていることを訴え、聴衆からの歓声により演説は五八回も遮《さえぎ》られ

「ホーフブロイハウス」の3階にある大ホール。現在もビアホールとして使われている

たという。

これほどまでに聴衆を魅了するヒトラーの演説とは、どのようなものだったのか。残念ながら初期の演説の音声は現存していなかったが、演説を聞いたある作家が、当時次のように書き残していた。

「私はヒトラーのビアホール集会に何度か参加した。（略）その男は激情に身を任せ踊り狂い、うなるように叫ぶ人間であった。しかし、彼は、葉巻の霞とソーセージのなかで無感覚にぼんやりと集まっている大衆を興奮させ、感激させる術《すべ》を心得ていた。煽動演説では、論理的な説明で大衆を支配することなどできない。だから、ヒトラーは人目を引く登場の仕方をしたり、俗物の大きなうなり声と金きり声で大衆を魅了した。とりわけ、聴衆の感覚を麻痺《まひ》させる繰り返しという金槌をうまく叩いて、伝えたい内容をリズムよくことばにするのである。それは野蛮で原始的であるが、鍛錬された巧みなもので、恐ろしいほどの効果があった」（＊2）

「同じような言葉を何度も何度も繰り返すというのは、ヒトラーの演説の最も重要な技法である」と、高田教授は語る。それが映像という形で最もよく残されているのが、やや時代は下るものの、一九三三年二月、首相就任直後に行った演説だった。この演説の中でヒトラーは、「繰り返しの技法」をたびたび使って、人びとを熱狂させている。その一例が以下のくだり、演説が始まってから二〇分以上が過ぎ、国民ひとりひとりの努力によって、ドイツはみじめな敗戦国から偉大な国へと生まれ変わることができると述べる、演説の核心部分である。

「外国から助けてもらえると決して信じてはならない。
　自分の国と国民以外からのいかなる助けも期待してはならない！
　ドイツ民族の未来は我々だけに帰属するのだから。
　国民ひとりひとりが国を発展させるのだ！
　みずからの努力で、
　みずからの勤勉さで、
　みずからの決意で、

首相就任演説（1933年2月10日）

みずからの意地で、
みずからの根気で行うならば、
我々は再び勝利を収めるだろう。
この国をみずからの力で築き上げた祖先たちと同じように！」

「みずからの」という言葉を繰り返すことで、「新しい国造りには国民ひとりひとりが積極的に関わらなければならないのだ」というメッセージを伝え、高揚感と参加意欲をかきたてる。そこにジェスチャーを絶妙に組み合わせ、リズムに乗せて力強く謳い上げながら、聴衆を演説に引き込んでいった。

ミュージシャンのように聴衆を熱狂させるヒトラーの演説は、ナチ党にとって、欠かせないものとなっていった。結党翌年の一九二一年七月二九日、ホーフブロイハウスで行われた臨時党大会で、五五四名の参加者のうち、ひとりを除く全員の支持を得て、ヒトラーは党首に選ばれている。それとともに党員数も増えてゆき、一九二三年の初頭には二万人を突破する。その前月にバイエルン内務省が作成した内部報告では、このように警戒を強めている。

「もしも彼らが現実にユダヤ人、社会民主主義者、銀行資本家などに関するその危険な思想を実行するようになれば、多くの流血や混乱が持ちあがるがゆえに、現在の形態の政府のみならず、いかなる政治形態にとっても危険な存在である」（＊3）

実際ヒトラーは、ベルリンの中央政府を糾弾する演説をたびたび行っている。一九二三年八月一日には、当時ミュンヘンで最も多くの聴衆を収容できた会場「サーカス・クローネ」で、八五〇〇人を前に、次のように気勢を上げた。莫大な賠償金が足かせとなり、この年からドイツ経済が空前のインフレに突入し、無力な政府に不満の声が高まっていたことが背景にあった。

「ヴェルサイユ条約は、恐るべき虚偽の上に基礎づけられた。我々は、もはや、その条項を履行することを拒否する。諸君はその欲するところをなせ。もし諸君にして戦を欲するならば、敢然とそれを求めよ。我々は、諸君が果して七〇〇〇万のドイツ人を、農奴ないし奴隷に転落せしめ得るか否かを見よう」（＊4）

ミュンヘン一揆

その三か月後、ヒトラーは、「ミュンヘン一揆」に踏み切った。一九二三年一一月八日、ヒトラーは武装したナチ党員を率いてビアホール「ビュルガーブロイケラー」を占拠し、バイエルン州の実権を握っていたカール総監らを拘束した。カールを説き伏せてバイエルン軍を動かし、一気にベルリンに攻めのぼろうと考えたのだ。この日ミュンヘンの中心部で撮影された写真には、人びとに蜂起を呼びかけるナチ党員と、演説を聞くために街に繰り出した群衆の姿が映し出されている。

ヒトラーが企てたこの「ミュンヘン一揆」には、ひとつのモデルがあった。それは前年の一〇月、イタリアで起きた「ローマ進軍」と呼ばれる武装蜂起である。イタリア北部の地方都市ミラノを中心とする「ファシスト党」が、党首であるムッソリーニの号令のもと、武器を手に首都ローマに向けて進撃を開始した。やがてその数は数万に膨れ上がり、混乱を恐れた国王がムッソリーニに組閣を命じ、少数政党のファシスト党が政権の奪取に

主要な演説会場のひとつ「ビュルガーブロイケラー」。1923年頃の撮影。女性客の姿も目立つ

© Bundesarchiv, Bild 146-1978-004-12A／Fotograf: Heinrich Hoffmann

成功したのだった。その二番煎じを、ヒトラーは狙ったと言われている。

だが、党員数が二万を超えていたとはいえミュンヘンの弱小政党に過ぎなかったナチ党には、全国規模で蜂起する力はなかった。バイエルンのカール総監はヒトラーの脅しに屈せず、バイエルン軍はナチ党の鎮圧に動き出す。万事休したヒトラーは、一一月九日、武装した党員たちとともにビアホールを飛び出し、最後の行進を行った。この時、ヒトラーの後に続いた群衆はわずか二〇〇〇ほど。その先頭が、あのオデオン広場に差し掛かった時、事件は起きた。郷土史家のライショルトさんは、現場でこのように説明してくれた。

「ヒトラーとその一味は、フェルトヘルンハレの脇を通りオデオン広場へと入っていく道を行進してきました。ヒトラーは前か

ミュンヘン一揆当日の市中心部（1923年11月8日）

ら三列目にいました。目指していたのは、オデオン広場から一キロほどの距離にあるバイエルン軍司令部です。軍を掌握する最後のチャンスに賭けようとしていました。だがこのフェルトヘルンハレ脇の道は幅が狭く、反乱軍を食い止めるのに格好の場所でした。オデオン広場で待ち構えていた警官隊は、狙いを定め、容赦なく銃弾を放ち、ナチ党員は次々と倒れていきました。ヒトラーと腕を組んでいた男をはじめ一四名のナチ党員が命を落とし、一般市民二名と警官四名も犠牲となりました。ミュンヘン一揆は失敗に終わりました。そうしてこの広場は、ヒトラーはじめナチ党員たちにとって、神聖な場所になったのです」

「ミュンヘン一揆」という歴史的な大事件の現場に立ってみて一番驚かされたのは、彼ら

フェルトヘルンハレ脇の小道を進む一揆勢。オデオン広場側から撮影

© Bayerische Staatsbibliothek München/Bildarchiv

が鎮圧されたという路地のあまりの狭さだった。後にヨーロッパを揺るがすナチズムは、この時、幅二〇メートルの路地であっけなく鎮圧されるほど、取るに足らない運動だった。だが、一度は潰《つい》えたかに思えたこの運動を再び蘇らせたのも、ヒトラーの演説だった。オデオン広場から逃走したヒトラーは、二日後、潜伏していた後援者の別荘で逮捕され、一九二四年四月一日、五年の禁固刑を言い渡された。そして収監から半年後、残りの刑期を保護観察処分となる形で出獄すると、国家転覆という野望に向けて、再び活動を始める。その決意が、獄中で口述筆記した『わが闘争』の中、〝演説の意義〟という章に記されている。

「この世界における最も偉大な革命は、決してガチョウの羽ペンで導かれたものではないのだ！（略）宗教的、政治的方法での偉大な歴史的なだれを起した力は、永遠の昔から語られることばの魔力だけだった。

おおぜいの民衆はなによりもまず、つねに演説の力のみが土台となっている。そして偉大な運動はすべて大衆運動であり、人間的情熱と精神的感受性の火山の爆発であり、困窮の残忍な女神によって扇動されたか、大衆のもとに投げこまれたことばの放火用たいまつによってかきたてられたからであり、美を論ずる文士やサロンの英雄のレモン水のような心情吐露によってではないのである。

民族の運命はただ熱い情熱の流れだけが、転換させることができる。そして情熱は

ただ情熱をみずからの中にもっているものだけがめざめさせることができるのである」（＊5）

なぜ私はナチスになったのか

ヒトラーが「熱い情熱」を注ぎ、再起を期す舞台となったのは、それまでのような大きなビアホールではなく、レストランやゲストハウスなどこぢんまりした屋内のスペースだった。ミュンヘンのあるバイエルン州、ベルリンのあるプロイセン州では、ヒトラーは公の場での演説を禁じられたためだった。

この潜伏期、いったいどのような人びとがヒトラーの演説に耳を傾けたのか。それを紐解く資料が最近ドイツで刊行されたと聞き、さっそくベティーナさんに取り寄せてもらった。『なぜ私はナチスになったのか』と題されたその本は、ヒトラーが政権を取った直後の一九三四年、アメリカのコロンビア大学の社会学の教授が、不遇の時代から長くナチ党を支持してきた党員五八一人に「なぜナチ党員になったのか」というテーマで書かせた論文がもととなっている。その当時、ナチ党を支持する動機がどこにあったのかを知るうえでは貴重な資料だ。

例えば一八七七年生まれの酪農家で、四人の子の父であるカール・コッホは、一九二六年一一月にドイツ西部のエッセンという街でヒトラーの演説を聞いた時のことをこう記している。

「私はエッセンで行われた集会で、初めてヒトラーが演説するのを聞きました。私は彼の弁舌に深い感銘を受け、その構想の正当性に夢中になり、深く納得したので、この時以来、ドイツ民族は必ず再生するという新たな信念を抱くようになりました。この時私は、ナチズムだけが私たちを救い、解放してくれるのだとはっきり理解したのです。それ以来、ナチ党の集会にはすべて妻子と共に参加し、党員となり、ナチズムの実現に身を捧げるようになりました」

演説が禁じられていた首都ベルリンでも、ヒトラーはたびたび、秘密裏に集会を開いている。一九〇四年生まれの機械工アルフレート・ラッシュは、一九二七年五月一日、クロウというコンサートホールで、五〇〇〇人の聴衆と共にヒトラーの演説に耳を傾けた。

「この年私は、公の場での集会を禁じられていたアドルフ・ヒトラーの演説を初めて聞くことができました。念願かない、ついに総統の声を聞くことができたのです。彼は居場所をなくしたドイツ国民について語り、我々の世界的苦境について語り、我々がいかにしてみずからを救うことができるかを説いてくれました。彼は、皆の心を掴みました。今や誰もが彼に、心身共に忠誠を誓っています」

ヒトラーの演説は、若い女性にも人気だった。ベルリン郊外のシェーンブルクに暮らす、二〇代のヘルタ・フォン・ロイスは、ヒトラーの中に「救世主」を見た。

「一九二〇年代、私がドイツ国家の受けた屈辱について未だ苦しんでいた頃、国防省に勤める知人から、ヒトラーが演説する集会の入場券をもらいました。私たちは大変な騒ぎになっている満員の会場へ入っていきました。二人目の痩せた演説者、ヒトラーと名乗る男の言葉に、私たちは皆、心を奪われました。会場は次第に静かになり、徐々に感激の声が溢れます。そして彼が政治綱領を発表した時には、大きな歓声があがりました。これ以後、ドイツ国家は救済者を戴くこととなりました。そして私もそれ以来、彼のために活動し、戦いに従事し、身を捧げ、彼のために祈ってきました。女性だからこそ力になれる時が、ついに到来したのです」

武装蜂起の失敗で政治生命を絶たれたかに見えたヒトラーだったが、無力な政府に不満を抱くドイツ国民の心を掴み、一躍、全国区の人気を得ていたことがよく分かる。一九二五年のクリスマス期、ドイツ中西部の地方都市ハーメルンで行った演説の中で、ヒトラーはこのように述べている。

「われわれ国民社会主義者は、キリストのなした御業《みわざ》の中に、熱狂的な信仰を通じ途方もないことを達成する可能性を見ている。キリストは腐敗した世界の中で立ち上がり、信仰を説き、初めは嘲りを受けたが、しかしこの信仰が大きな世界的運動となった。（略）したがって、われわれは戦い抜かねばならない。われわれは、ドイツ人としてだけではなく、キリスト者としても戦いを正しく耐え抜いたと後世の人びとに言ってもらえるように、戦い抜かねばならない」

権力から弾圧を受ける宗教が、満たされない思いを抱く人びとを中心にしばしば熱狂的な信者を生み出していくように、ヒトラーの演説を聞き、ナチ党を熱烈に支持する者は着実に増えていった。一九二七年五月にシュトゥットガルトで開かれた党大会で初めて演説を聞いた、仕立て屋の息子パウル・モシェルは、一九一一年に一二人兄弟の六番目として生まれたが、兄二人を第一次世界大戦で失い、それ以来感じていた無力感を、ヒトラーによって救われた。

「私は学校の友人らと共に我らの総統に謁見《えっけん》し、いかにドイツが救済され得るかを彼の口から聞く機会を得ました。私はこの日のことを、決して忘れないでしょう。なぜなら私は、総統が私たち皆を教化するある種の力を放っていると信じたからです。翌朝、総統は私たちのもとを再び訪れて民族の自由について語り、私たちは皆、彼を支持することを固く約束したのでした。総統が演説を終えて退出した後、ヒトラーの語る美しい言葉が、ひとりひとりの内にまだ余韻を残していました。

突然広間に、『総統が危ない！』という叫び声があがりました。皆が表の通りへと飛び出します。ヒトラーに反対する共産主義者たちが、総統の車に襲いかかったのです。即座に行動せねば。私たちは数で優勢に立つ彼らに突進し、彼らは退却していきました。総統を守るため自分の命を賭ける、未だかつて私はこんなすばらしい気持ちになったことはありませんでした」

一九二七年三月にミュンヘンの属するバイエルン州で演説禁止令が解かれ、一九二八年九月にはベルリンの属するプロイセン州がこれに続いたことも、ナチ党への追い風になった。ミュンヘン一揆の年に二万人だったナチ党員の数は、一九二六年には四万九〇〇〇人、二七年には七万二〇〇〇人、二八年には一〇万八〇〇〇人と増加の一途《いっと》をたどっていく。

それと同時に、ナチ党の党大会も、格式ばった儀式を伴う、仰々しいものになっていく。それをよく表す、貴重な映像がある。一九二七年八月二一日、第三回党大会の時に撮影されたこの映像は、現在分かっている中では演説しているヒトラーを捉えた最古のものだ。

場所は、ミュンヘンから北に一五〇キロ離れた、ニュルンベルク。ミュンヘンを中心とする地方政党から全国政党への飛躍を期していたナチ党は、この年から、歴史と伝統ある街ニュルンベルクに党大会の舞台を移していた。その郊外にあるルイトポルト広場で、ヒトラーは集まった三万人の党員を前にこう演説している。

「一九一八年一一月、幾千もの勝利を重ねた古き旗（注：ドイツ帝国旗）が引きずり降ろされ、同時に帝国の栄誉も地に堕ちた。一九二〇年、小さな集団の人びと（注：初期のナチ党員）に新たな『ドイツ旗』が与えられ、それを諸君は今日ここで目にしている。一九二三年には、鷲を抱く党旗が、ドイツ解放の勝利の印となることを願い初めて捧げられた。一九二四年、運動は一度

ニュルンベルクのルイトポルト広場で演説するヒトラー（1927年8月21日）

© National Archives

死んだ。そしてその後、我々は再び党旗のもとに集い、ハーケンクロイツの茶色の軍隊（注：突撃隊）がこの場所に集結した。一二の党旗（注：第三回党大会には、ドイツの一二の地域のナチ党代表が集まった）を捧げ、ドイツの未来にたなびくにふさわしい栄誉を得ることをみずからに誓う。我々に力を与えよと神に願い、ドイツ人が誇りを持ってこの旗を見つめ、この旗がドイツ全体にたなびくように導かれたい。ここでいうドイツとはヴェルサイユ条約で定められた国境ではなく、我らがドイツ語の国境である。我々が全能の神に願うのは、今後数年間、我々の信念に力を与えてほしいということである。我らが民族と祖国が再び立ち上がり、これまでになく力強くあると信じれば、旗も立ち上がる。この旗と党旗の印のもと、それが起こることを、神

ヒトラーが演説していた場所からルイトポルト広場を眺める。奥の白い建物が記念廟

に願うものである！」

ルイトポルト広場は今も当時の雰囲気を残していて、芝生は手入れが行き届き、市民がくつろぐ憩いの場となっている。ヒトラーが演説していたのと同じ場所に立ってみると、なぜニュルンベルクの中でここが、党大会の会場に選ばれたのかがよく分かる。広場をはさんで反対側には、厳粛なたたずまいの巨大な建造物が見える。第一次世界大戦で亡くなったドイツ軍将兵を慰霊するための記念廟だ。ヒトラーは、ドイツ各地から集まったナチ党員たちが党旗を掲げ、それをヒトラーが祝福して回る秘密結社のような儀式をこの広場で行うことで、ナチ党こそが第一次世界大戦で戦没した者たちの死が報われる政治を実現できると印象づけた、とニュルンベルク公文書館のシュミット博士は説明してくれた。

ナチ党は、特に熱心な党員からなる「突撃隊」や「親衛隊」を組織し、演説をもり立てていった。ヒトラー支持者の声を集めた本『なぜ私はナチスになったのか』には、そうした儀式に心奪われる人びとの声も収められている。一九二九年五月、東プロイセンのケーニヒスベルク（現ロシア領カリーニングラード）で行われた演説会に突撃隊員として参加した一八歳の青年、クルト・シュテルンは、その時の感動を次のように記している。

「会場となった公民館の段状になった演壇の周りには、当時東プロイセンにいた全突撃隊員にあたる四〇〇人が控えていて、その中に私と私の兄弟もいました。突然陽気な行進曲が鳴り響き、数人の親衛隊を従えて総統が入場してきます。突撃隊の隊長がそれを出迎えます。ヒトラーは我々の前に進み出て、忠実なしもべである我々を誠実な眼差しでじっと見つめ、彼の突撃隊たる我々に『ハイル（万歳）』の挨拶を行いました。それは私の人生において最も美しい一瞬で、決して忘れることはないでしょう」

単に一五人目の首相

このようにナチ党がじわりじわりと勢力を伸ばしていった「時代」を体感していた方に、今回、巡り合うことができた。訪ねたのは、ドイツ北西部、エルベ川の河口に位置する港町ハンブルク。今回の番組の主人公のひとりとなる、ヴィルヘルム・ジーモンゾーンさんだ。一九一九年九月九日生まれのヴィルヘルムさんは、僕たちが訪ねる一週間前に九九歳の誕生日を迎え、ひ孫まで集まり、船を一艘借りてエルベ川でクルージングを楽しんだという。二〇〇五年に妻を亡くし、ハンブルク市内のアパートメントに一人暮らしをするヴィルヘルムさんは、彼が生きた過酷な人生を感じさせない穏やかな笑みで僕たちを迎えてくれた。

広々した居間には、帆船などの船の模型が並んでいた。子どもの頃から無類の船好きというヴィルヘルムさんの人生に大きな影響を与えたのが、父であるレオポルト・ジーモンゾーンさんだった。一八八三年に生まれ、ヒトラーの時代に命を奪われ、ハンブルク市内の旧居の前に「つまずき石」が残された、あのレオポルトさんだ。

　このドイツ随一の港町で生まれ育ち、海に親しんでいたレオポルトさんは、若くして海軍に志願した。一九〇四年、二一歳の時には、当時ドイツの植民地だったナミビアで起きた原地住民の反乱を受け、軍の一員として出動し鎮圧に当たっている。その後除隊し、アルゼンチンやチリとハンブルクを結ぶ航路の船乗りとなり、火薬の精製に欠かせない硝石を運ぶ仕事に就いていたが、第一次世界大戦の勃発とともに海軍に応召され、再び水兵として従軍した。

　ヴィルヘルムさんの手元には、父レオポルトさんが生前に授与されたふたつの賞状が大切に保管されている。ひとつは、「ドイツ植民地獲得戦争連盟」からナミビアでの働きを認められて「植民地勲章」が贈られた時のも

ヴィルヘルム・ジーモンゾーンさん。自宅にて

の、もうひとつは、水兵として第一次世界大戦に従軍した功績を称《たた》えて「名誉十字章」が贈られた時のものである。レオポルトさんは、ドイツ帝国主義の先兵として一〇代後半からの一五年あまりを捧げ、国が強くあることが、そのまま国民ひとりひとりの幸福につながると信じる、根っからの国家主義者だった。

「第一次世界大戦後に父が支持していたのは、ナチ党ではないものの、考え方がとても近い『国家人民党』という政党でした。一九二〇年代には大きな勢力を持っていて、ドイツの国会で一〇〇議席以上を獲得し第一党となったこともありました。この政党の最も重要な公約は、第一次世界大戦後にドイツと連合国との間で結ばれたヴェルサイユ条約に、復讐をするというものでした。この集団には常に復讐思想があったのです。

海軍時代のレオポルト・ジーモンゾーンさん（丸印の人物）

父はナチ党については、危険な党だとはまったく思っておらず、むしろソヴィエトを後ろ盾とする共産主義に対して恐怖を抱いていました。戦勝国から押し付けられたヴェルサイユ協定に対して理解を示す共産主義者よりも、ナチ党の方が政治的に近かったのです」

一九二〇年代後半のドイツで、ナチ党と並んで支持者を増やしていたもうひとつの政党が、レオポルトさんが恐れていた「ドイツ共産党」だった。第一次世界大戦中の一九一七年にロシアで革命政権を打ち立てたソヴィエト共産党は、ヨーロッパ各国の共産主義運動を支援しており、一九二五年にドイツ共産党トップの「議長」に就任したエルンスト・テールマンも、その影響下にあった。一八八六年にハンブルクに生まれ、第一次世界大戦に従軍したのち一九二〇年に共産党に入党したテールマンは、ソヴィエトで独裁体制を固めたスターリンの指示に忠実に従うことで、ドイツ共産党の中での地位を不動のものとしていった。彼らは、ナチ党が「突撃隊」「親衛隊」という暴力組織を持っていたのと同様に、準軍事組織である「赤色戦線戦士同盟」を持ち、敵対政党の演説会を襲撃するなど、みずからの政治的主張を実現するためには暴力もいとわない姿勢を見せていた。

ヴィルヘルムさんが現在暮らすアパートメントから歩いて二〇分ほどの距離に、三角屋根の一軒家が立ち並ぶ当時の街並みが残っており、彼が少年時代を過ごした家も、その中にある。そこは父レオポルトさんの「つまずき石」が玄関先の歩道に埋められている家でもあるのだが、九九歳とは思えないほど達者なヴィルヘルムさんは、車輪のついた歩行器を巧みに使い、父と母と三人で暮らした家の前まで僕たちを案内し、少年時代の話を聞かせてくれた。

「ここで過ごした日々は、私にとって最高の思い出です。屋根裏には自分だけの部屋があり、家の裏には小さな庭があり、モリーという名の犬を飼っていました。この家から少し先に交差点が見えますが、そこに父の営む石炭店がありました。馬が二頭に、従業員がひとり。第一次世界大戦後に始めた店でしたが、父は商いが性に合っていたのか、一九二〇年代の混乱期でも商売は順調でした。父はどんなに忙しくても私

ヴィルヘルムさんが少年時代を過ごした自宅付近
（丸印の家が旧宅）

や母のために日曜日は必ず空け、一緒に過ごしてくれました。馬車でハンブルク近郊の森に行き、父と母と三人で一日中遊んだりしました。私にとって、悩みの何ひとつない、すばらしい時代でした。

ただ、選挙の時期には、このあたりも緊迫した空気に包まれました。わが家では、『国家人民党』支持を表す古い帝国旗を、通りに面した窓から掲げました。一方で、左右両隣の家は左翼政党の支持者で、政治的見解は正反対でした。父が窓から掲げた旗のせいで、ある日、私は思わぬ災難に見舞われることになります。あれは、私が一〇歳頃のことでした。自宅近くを歩いていたところ、突然、グレーの帽子をかぶり、肩ベルトを身に着けた共産主義者に襲われたのです。私が『右翼の旗』を掲げる家の住人だと分かったのでしょう。彼らは私を

父（中央の人物）の営む石炭店の前にて。左端がヴィルヘルムさん（１９３０年頃）

追いかけ、家の玄関先で私に追いつき、カラビナの付いた肩ベルトを外し、私の脚に向けて振り下ろしました。殴りつけたのです。私はなんとか家の中に駆け込み、ドアを閉めて、大声で泣きました。私は、暴力と表裏一体だった当時の政治を、身をもって体験することになったのです」

ナチ党と共産党のつばぜりあいは、その後も激しくなる一方だった。一九三〇年に行われた国会議員選挙で共産党は五七七議席のうち七七議席を獲得し、議会の第三党に躍進した。それをしのぐ議席数を獲得したのが、ナチ党だった。改選前はわずか一二議席に過ぎなかったナチ党は一〇七議席を獲得し、議会の第二党に躍り出たのだ。一方、レオポルト・ジーモンゾーンさんが支持する右派政党のドイツ国家人民党は、改選前の七三議席から四一議席へと勢力を大きく減らしており、それらの票の多くがナチ党に流れたのではないかと言われている。

ナチ党が躍進する大きな原因となったのが、選挙の前年、一九二九年一〇月にアメリカで始まった世界恐慌だった。当時ドイツは、アメリカをはじめとする国々からの投資が進み、経済が回復の兆しを見せていた。ところが、恐慌を機にアメリカ資本が次々と引き上げたことで再び行き詰まり、銀行は破綻し、有力企業も次々と倒産し、失業者は一九三〇年の段階で六〇〇万人に及んでいた。今回の取材で最初に会った一〇三歳のアンナ・ドレングラーさんは一九三〇年に学校を卒業しているが、職を求めて、叔父と叔母の暮らすミュンヘンにやって来たのは、この不況のあおりを受けてのことだった。アンナさんは当時のことをこう回想している。

「第一次世界大戦で父を亡くした母は、掃除や、食器洗いの仕事をして私たちを育ててくれましたが、そろそろ自分で働き口を探さなければと思いました。でもミュンヘンに出ても、就職難は変わりませんでした。新聞には、求人案内がたったの数件しかありませんでしたし、その仕事を手に入れるのも至難の業《わざ》でした。ある時、家政婦の求人があったので行ってみると、すでに三〇人ほどの女性がいました。そこへ奥さまが出てきて、『雇うのはひとりだけなのに』と驚いていました。

厳しい時代だったですね。ミュンヘンでは、食べ物が手に入らない人のため、カトリックの教会が炊き出しをしていました。修道女が食事を用意してくれて、人びとがそこに群がっていました。みんな質素に生活していました」

ナチ党の躍進の秘密は、こうした危機に巧みに対応し、人びとの心を掴んだことにあったとされる。それに加えて大きな追い風となったのが、ヒトラーの演説に起きた、ある「変化」だった。二五年間五五八回に及ぶヒトラーの演説を集計した高田教授によれば、大恐慌さなかの一九三〇年、ヒトラーの演説は、大きな転換点を迎えたという。高田教授は、その転換点より前を「ナチ運動期前半（一九二〇年八月～一九三〇年三月）」、後を「ナチ運動期後半（一九三〇年五月～一九三三年一月）」と名付けているのだが、それぞれの期間、演説の中で最も頻繁に使われる名詞を調べてみたところ、前半で圧倒的に多く使われていたある名詞が、後半になると使用が著しく減少したという。その単語とは、「ユダヤ人」。ヒトラーは結党以来、常に最大の敵として糾弾し続けてきたユダヤ人に対する攻撃を、封印したのである。この背景を、高田教授は番組のインタビューで次のように分析してくれた。

「ドイツには世界恐慌の波がアメリカより半年遅れでやって来て、一九三〇年春には多くの失業者が出ました。そうした失業者の不安に付けこむ形で票を得ることが可能になってきたわけです。ナチ党が国政に参加する、政権を握るということも、もはや夢ではなくなってきていました。その時に、より多くの票を得るためには、反ユダヤ的発言が決して有効ではない、不況の原因をユダヤ人に帰すことは論理的に難しいため、コアなナチ党支持者の心を摑めてもその他大勢の有権者には響かないと考え、『ユダヤ人』という言葉を封印したのだと思います。その代わり、この時を境に使用する頻度が増えていたのが、より一般的な『敵』という意味の『Gegner（ゲーグナー）』でした。

同時に、大恐慌以降のナチ党にとって重要だったのは、自分たちは国民共同体を作り上げられるとアピールすることでした。ですから、『敵（Gegner）』だけでなく、『国民』という言葉も頻繁に使われるようになりますし、またその際に、私たちは決して非合法な形で政権を狙っているわけではありませんよと安心させるために『憲法』という単語も増えてきています。

実際ナチ党は、一九三〇年の選挙で地滑り的勝利を収めて第二党に躍り出たわけですから、その選択は功を奏したと言えるでしょう。彼らが『ユダヤ人』という単語を控えたことと、この地滑り的勝利は、相関関係があると考えられます」

自分こそが、混迷を深めるドイツの新たな指導者にふさわしい。そう国民に訴えるヒトラーは、その演説を効果的に見せるための演出にも力を入れていく。その最たるものが、当時目覚ましい進化を遂げていた「飛行機」だった。飛行機に乗って移動し、何百キロも離れた都市を一日に何か所も回り、より多くの有権者にみずからの声を届けていく。今ではすっかり当たり前なこの手法を、ヒトラーは、ドイツの政治家として初めて選挙活動にとり入れた。五四ページの地図は、一九三二年七月に再び総選挙が行われた際、七月一五日から三〇日までの間、ヒトラーが飛行機を使ってどう遊説したのかを示したものだ。二週間あまりで全国五三の都市を回り、二〇〇回近い演説をこなしている。記録によると、多い時では二〇万人もの聴衆が集まったことが分かっており、有権者たちの間でヒトラーの存在感が急速に高まったであろうことは、想像に難くない。

ジーモンゾーンさん一家の暮らしていたハンブルクでも、七月二〇日、ヒトラーは一〇万人の聴衆の前で演説を行っている。残念ながらヴィルヘルムさんはその時のことを覚えていなかったが、一〇代の頃に聞いたヒトラーの演説の印象を、こう語ってくれた。

「私の記憶では、演説の冒頭はいつも静かにこう始まります。『親愛なる、国民の皆さん』。そして絶え間なく話し続け、終盤に近づくと、その言葉は怒りに満ちていきます。声は裏返り、攻撃する『敵』に狙いを定め、これをこきおろしました。

私はまだ少年だったため、理解が足りず、感動したりしたわけではありませんが、分別のなかった私から見ても、純粋に言葉としては情熱的で、内容が正しいか正しくないかは別にして、かくも自由に話す様子に心を奪われたものでした」

この選挙戦では、ナチスが映像を使ったプロパガンダに力を入れたため、ヒトラーの演説を記録した映像がそれまでになく多く残されている。中でも最も演説の全容が分かるのが、七月二七日、ベルリン近郊のエーバースヴァルデで行われた演説会だ。競技場のような広場で四万人の聴衆を前に行われており、女性や子どもも多く映し出されている。途中、編集でカットされている部分があるものの、語り出しから最後のクライマックスまで、一〇分三〇秒に及ぶその記録は、首相に就任する前のヒトラーの演説を探るうえで貴重な資料だ。演説の冒頭、ヒトラーは、競技場のスタンドに造られた演台から、穏やかな口調でこう語り始めている。

1932年7月国会選挙 ヒトラー遊説地図

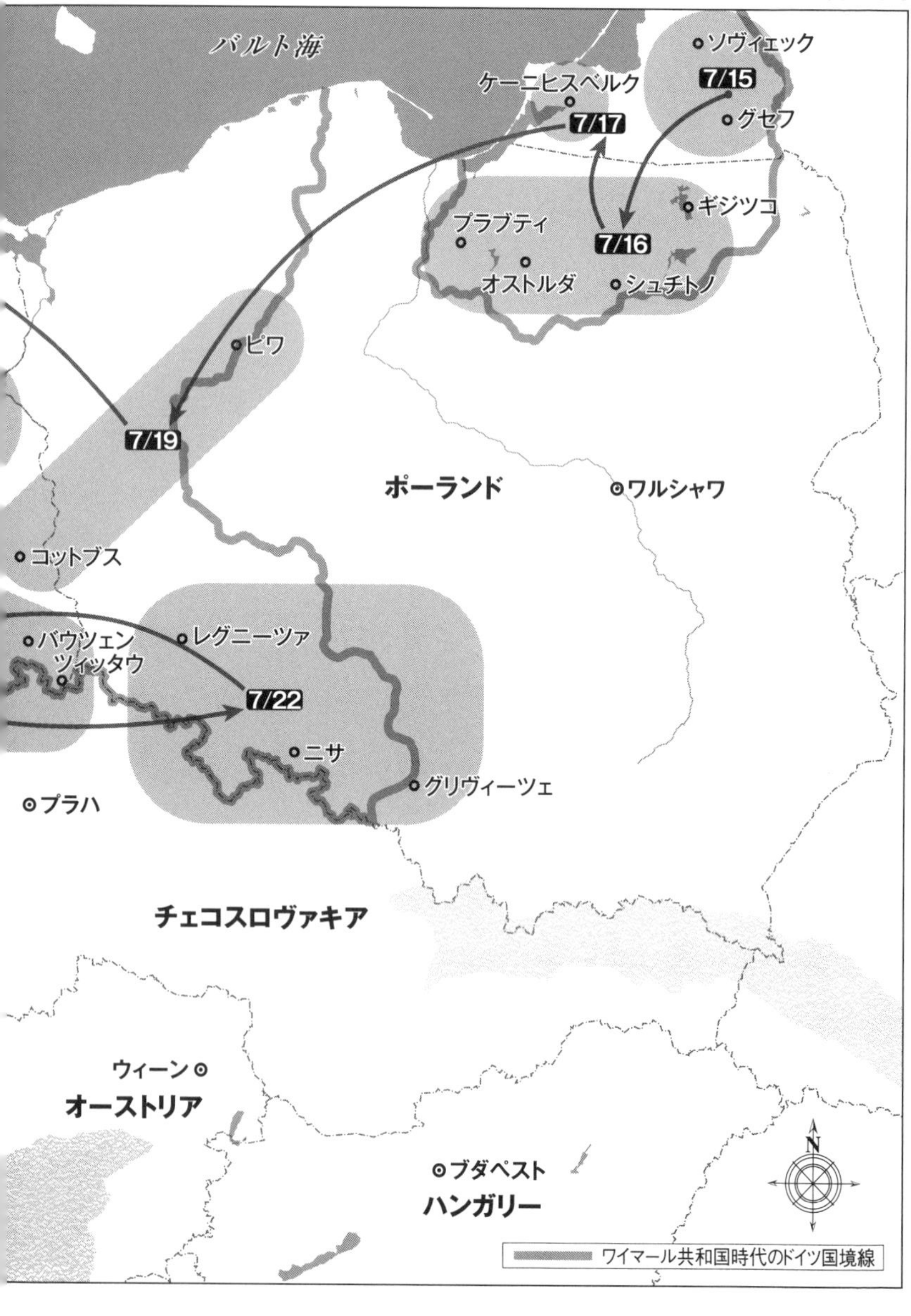

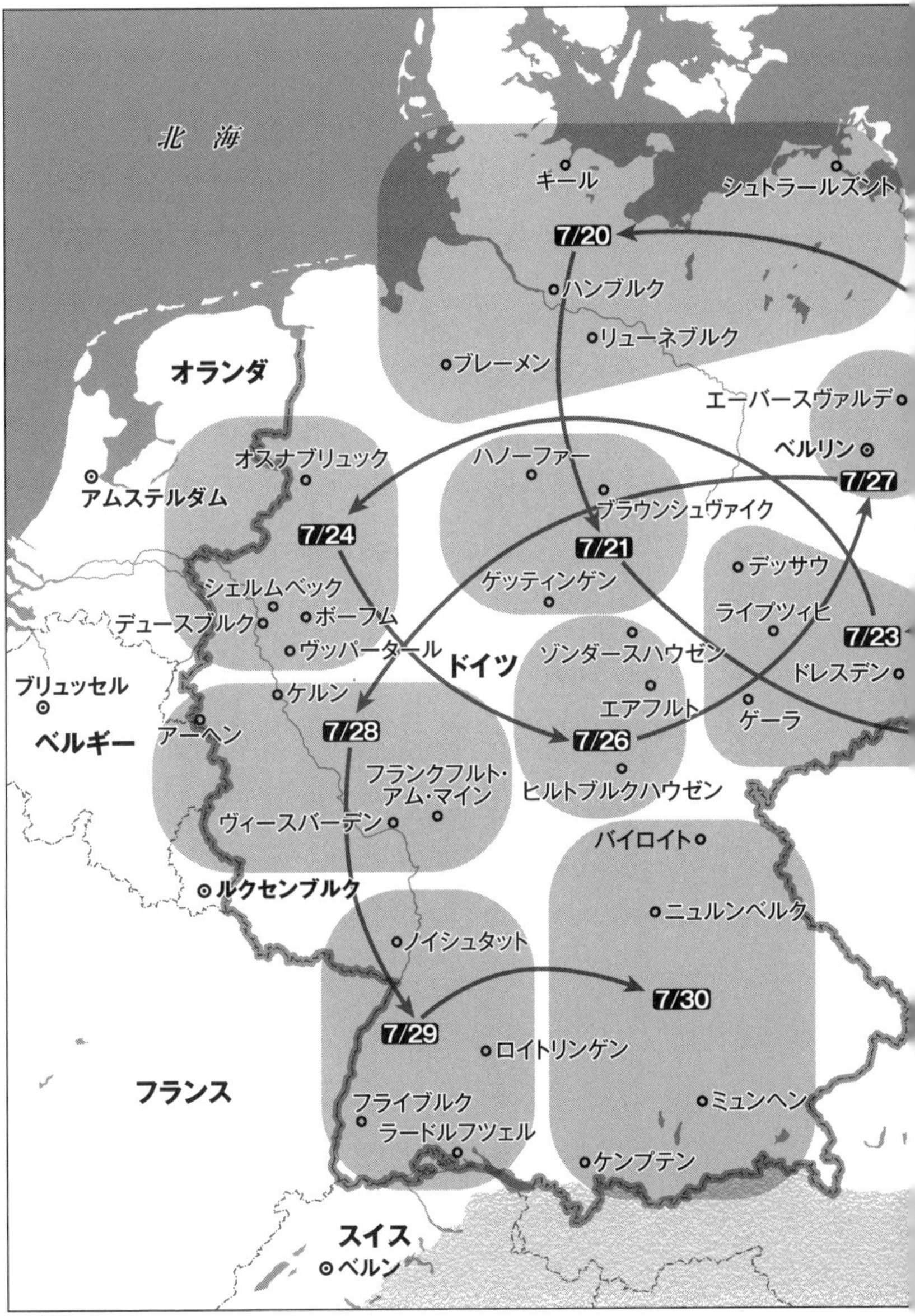

北　海
キール
シュトラールズント
7/20
ハンブルク
リューネブルク
ブレーメン
オランダ
エーバースヴァルデ
ベルリン
7/27
オスナブリュック
アムステルダム
ハノーファー
ブラウンシュヴァイク
7/24
7/21
デッサウ
ゲッティンゲン
シェルムベック
デュースブルク
ボーフム
ライプツィヒ
7/23
ヴッパータール
ドイツ
ゾンダースハウゼン
ドレスデン
ブリュッセル
ケルン
エアフルト
ゲーラ
ベルギー
アーヘン
7/28
7/26
フランクフルト・
アム・マイン
ヒルトブルクハウゼン
ヴィースバーデン
バイロイト
ルクセンブルク
ニュルンベルク
ノイシュタット
7/30
7/29
ロイトリンゲン
フランス
フライブルク
ミュンヘン
ラードルフツェル
ケンプテン
スイス
ベルン

「親愛なる、国民の皆さん。
皆さんもお気づきのように、今、わが国では、新たな機運が高まりつつあります。数百万、数千万の人びとが、来る選挙とは、新しい連立政権を選ぶというだけでなく、新しい指導者を選ぶだけにも留まらない『決断の時』になるということに、気づいているのです」

政党が乱立し、その中のいくつかが集まって連立政権を結成するそれまでの政治とは違う政治を人びとが求めている、という、政権奪取を狙うナチ党にとって都合の良い前置きが、あたかも自明の前提であるかのように語られている。静かで説得力のある語り口とあいまって、聴衆は、ナチ党の作りあげた土俵の上で展開されるこの議論に、引き込まれていく。

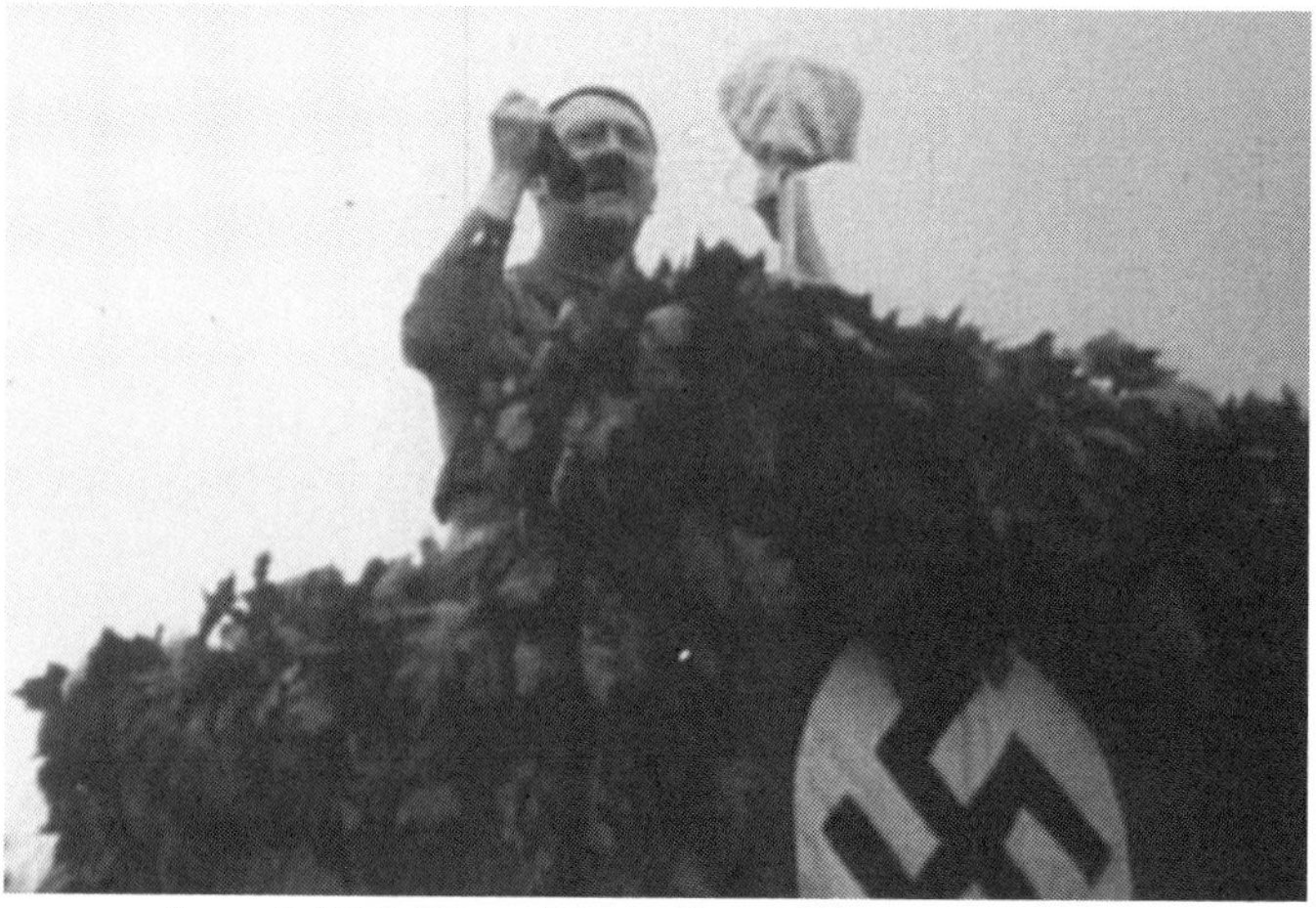
エーバースヴァルデでの演説映像より（1932年7月27日）
Accessed at United States Holocaust Memorial Museum, courtesy of Bundesarchiv

そしてヒトラーは、第一次世界大戦後にこの国を統治してきた者たちを「敵」に見立て、追及の弁を、エスカレートさせていく。

「第一次世界大戦が終わり、帝政から共和制になってからの一三年間、この国の政治を担った者たちは、彼らがどれほどの能力の持ち主であるか証明してきました。経済は破壊され、農村は荒廃し、中産階級は窮乏し、豊かな国土と共同体に根ざした財政は腐敗し、すべてが破産し、七〇〇万人が失業しました。この事実をどうねじ曲げようとも、彼らはこのことに対して、責任を負うべきなのです！

果たして、今のドイツのように政治的に内戦状態にありズタズタに引き裂かれた国が発展を勝ち取ることができると、信じている人はいるのでしょうか？ドイツには三四もの政党があるのです！労働者階級には、労働者階級の政党が、しかもひとつではなく三つも四つもの政党が。ブルジョア階級には、彼らが知性のお高い人であるがゆえに、より多くの政党が。中産階級も、資本家階級も、農村部に暮らす人びとも、三つも四つも政党を持たなければなりません。地主も、カトリックも、プロテスタントも、バイエルン人も、それ以外の地域の人びとも、それぞれ別個に政党を持たなければならないようです。ひとつの国に、三四もの政党！だが、我々の前に大きな困難が立ちはだかっている今、国民の力がひとつに結集されなければ、それは解決できないのです。

私たちを敵視する者たちは、国民社会主義者（注：ナチ党員のこと）、特に私のことを、我慢のできない、他者と相容れない人間だと非難します。これら紳士諸君の言うことは、まったく正しい！私たちは我慢なんかしない！私は、ひとつの目標を掲げることにした。このドイツという国から三〇もの政党を一掃することを！」

政治的に不安定であることの原因を、ドイツに三〇を超える政党があることだけに帰したヒトラーは、他者に対して不寛容であるナチ党にしかドイツの危機は救えない、と聴衆に繰り返し訴えていく。そして、最後の締めに向かって、歌い上げるようにリズミカルに、テンポよく、ボルテージを上げていく。

「これら三〇もの政党以前に、ドイツ国民があるのです。
そして、これらの政党が一掃されたとしても、ドイツ国民は残るのです。
私たちナチ党は、ある特定の職業、階級、宗教を代表する政党ではありません。
私たちはドイツ国民に証明してみせましょう！
国民の暮らしを守るのに必要なのは『正義』であり、
その『正義』に必要なのは『力』であり、
その『力』の源は、国民ひとりひとりの内にある『強さ』なのだと！」

こう締めくくったヒトラーは、手を斜め前に突き出す「ナチ式敬礼」と、聴衆の歌うドイツ国歌に見送られ、次の演説会場に向け足早に広場を後にしている。高田教授の分析の通り、この演説にも、「ユダヤ人」という単語は一度も登場せず、ナチ党に対して批判的な立場の人たちを「敵（Gegner）」という言葉で攻撃しているだけである。

政党が乱立し行き詰まりを見せる議会政治を打開するため、ナチ党のリーダーシップのもと、「力」に基づく「正義」を実現し、国をひとつにまとめよう――この言葉だけを聞くと、ヒトラーの言うことにも一理ある、一度彼に任せてみようと思ってしまう人がいたとしても、不思議ではない。ヒトラーはこの頃すでに、東ヨーロッパへの侵略戦争やユダヤ人迫害という野望を抱いており、そのことは彼が獄中で記した『わが闘争』の中にもはっきりと書かれているが、当時の多くのドイツ人は『わが闘争』など読んでいない。こうして多くの人びとが、その危うさに気づかないままに、ナチ党、そして党首のヒトラーに対する期待を高めていった。

エーバースヴァルデの演説の四日後、七月三一日に行われた投票で、ナチ党は得票率三七・四％、議席の半数に迫る二三〇議席を獲得し、ついに国会の第一党となる。そして半年後の一九三三年一月三〇日、ヒトラーは国家人民党と連立を組み、ついに首相の座へとのぼりつめた。ヴィルヘルム・ジーモンゾーン少年が一三歳の時のことだった。

「父は、国家人民党がナチ党の政権奪取の片棒を担いだことについて、おおむね肯定的な反応を見せていました。何度も言うように、彼にとっては、国家主義とそれに基づくヴェルサイユ条約への復讐が何よりも大事な要素で、恐怖を感じるとすれば、ナチ党よりも共産主義だったからです。

第一次世界大戦後、ドイツには一四人もの首相が生まれました。ヒトラーは単に一五人目にすぎず、すぐに一六人目に代わるだろう、父はそう考えていました。その後のドイツの歩んだ歴史を考えると、何と無邪気な発想でしょう……」

ヒトラーが首相に就任した日の夜、ドイツ各地の都市で、茶色の制服に身を包んだ突撃隊員がたいまつを手に街を練り歩き、新しい時代の到来を人びとに印象付けた。ベルリンでも、ブランデンブルク門をくぐった隊列が目抜き通りを進み、それを沿道から多くの市

主な政党の議席数（得票率）の推移

	1928年 5月		1930年 9月		1932年 7月	
ナチ党	12（ 2.6%）	第9党	107（18.3%）	第2党	230（37.4%）	第1党
社会民主党	153（29.8%）	第1党	143（24.5%）	第1党	133（21.6%）	第2党
共産党	54（10.6%）	第4党	77（13.1%）	第3党	89（14.6%）	第3党
国家人民党	73（14.3%）	第2党	41（ 7.0%）	第5党	37（ 5.9%）	第5党

民が「ナチ式敬礼」で見守る様子が、映像に残されている。その群衆の中にいたひとりに

今回インタビューすることができた。一九二六年生まれ、当時六歳だったエーファ・ティ

ムさんだ。ベルリンの西部、中流階級が多く暮らす閑静な住宅街だったシャルロッテンブ

ルク地区に住んでいたエーファさんは、アパートメントのすぐそばを通り過ぎるたいまつ

行進を見物するため、父と母に連れられて街へと繰り出した。

「見物しに行ったのは、私が見たいとせがんだからではありません。両親自身、たいまつ行列が何を意味するのか知りたかったのです。暗闇の中の、たいまつ行列でした。炎が、突撃隊の茶色の制服を照らし出していました。とても長い行列だったのを覚えています。子ども心に、素敵だと思いました。

でも両親は、違った受け止め方をしていたようです。父はその後まもなく病気で亡くなったのですが、後に母は、私がもう少し分別がついてから、行列を見た時に父が発した言葉を、教えてくれました。『茶色の死刑執行人がやって来るぞ』。でも幼い私にとっては、きれいなたいまつ行列でした」

第2章

無謬の指導者

「つまずき石」のない街

ドイツの南東のはずれ、オーストリア国境に近いアルプスのふもとに、一風変わった街がある。そこには、ドイツの多くの街で目にすることができる〝あの石〟が、ただのひとつも見当たらない。その石とは、かつてそこに暮らし、ヒトラーの時代に命を奪われた人びとを悼むための金色のブロック、「つまずき石」だ。

街の名は、ベルヒテスガーデン。ヒトラーの別荘が一望できる街として国中に知られ、ヒトラーの時代に大きく成長した、ナチ党と非常に深い関係にある街だ。

そのベルヒテスガーデンで生まれ育ち、何度もヒトラーの姿を目撃し、その声を聞いた男性がいると聞き、訪ねてみることにした。ミュンヘンから、ドイツ中を縦横無尽に走る高速道路網「アウトバーン」に乗り南下していくと、なだらかな牧草地帯の向こうから切り立った山々がどんどんと近づいて来る。オーストリアとの国境にそびえる、アルプス山脈だ。三時間ほど車を走らせたのちにアウトバーンを降り、川沿いの一本道を、上流へと走っていくと、ベルヒテスガーデンにたどり着く。バイエルン地方独特の造りの民家が立ち並ぶ、風光明媚な町だ。元来は、小さな岩塩鉱山を中心に、酪農などを営む人びとが暮らす村だったが、一九二九年、谷を挟んで反対側にある山の稜線にヒトラーが別荘を構え、首相になった後は頻繁にここを訪れるようになり、一躍注目を集めるようになった。ホテルやレストランが建設され、観光業も盛んになり、今に至る。第二次世界大戦の直前、一九三九年の記録には、人口は五〇〇〇人弱とある。

川沿いの一本道を右に折れ、細い道を登っていくと、ベルヒテスガーデンの中心部に到着する。その通り沿いに戦前から立つ古びた一軒家に、目当ての方、ルートヴィッヒ・シュレアーさんは暮らしていた。一九三〇年二月六日生まれのシュレアーさんはこの時八八歳と高齢だったが、今回僕がインタビューした中では三番目に若く、しっかりとした足取りで玄関先まで出迎えてくれた。シュレアーさんが物心ついた時には、ドイツはナチ党が支配する国であり、ヒトラーは絶対的な存在として君臨していた。

一階にある玄関から、急傾斜の階段を二階に上がると、シュレアーさんは早速バルコニーへと案内してくれた。目の前には南バイエルンののどかな風景が広がっており、その向こうに見える山の稜線に、ヒトラーの栄華の跡を一望することができた。

「この方向に、樹木に覆われた稜線が見えますが、その途中、木が少ないところがありますよね。そこが、総統の別荘『ベルクホーフ』のあった辺りです。建物はもうなくなってしまいました。その稜線をさらに上にたどっていくと、頂上に山小屋のようなものが見えます。あれが、総統五〇歳の誕生日に贈られたもう一つの別荘『ケールシュタインハウス』で、絶壁の上にあることから別名『イーグルズ・ネスト（鷲の巣）』とも呼ばれています。ケールシュタインハウスまでは簡単には行けませんが、ベルクホーフまでは歩いて一時間ほどです。子どもの頃は、よく行ったものです」

シュレアーさんの語り口は、ヒトラーの話をしていることを忘れるほど陰がなく、むしろ、この町の人びとがかつて「ヒトラーおひざ元の町」として抱いていた「誇らしさ」を感じさせるものだった。シュレアーさんは今でもヒトラーのことを、戦前のドイツ人が使っていた敬称である、〝総統（フューラー）〟と呼ぶ。警戒するそぶりを見せずに語るシュレアーさんに驚き、彼のあけすけさはいったいどこから来るのだろうと考えながら話を聞いていた僕に、さらにシュレアーさんは一枚の写真を見せてくれた。それは、僕たちが訪ねたシュレアーさんの自宅の前で撮

ヒトラーの別荘「ベルクホーフ」のあった一帯（丸印）を指さすシュレアーさん

影されたもので、シュレアーさんと母のマルタさんが直立不動の姿勢で「ナチ式敬礼」をしている姿が写されている。彼らが敬礼する先には黒塗りのオープンカーが走っている。そして、その助手席に座っているのが、ヒトラーだった。

「当時は、ここベルヒテスガーデンから北に少し離れたアインリングという街に、飛行場がありました。そこから別荘まで愛用のメルセデス・ベンツで移動する時に、総統はしばしばこの道を通ったのです。これはその時に撮影されたものです」

Q．どうしてヒトラーが来ると分かったのですか？

「総統が通る時には道沿いに歩哨《ほしょう》が立ちま

自宅前に並び敬礼するシュレアーさん母子。助手席の人物がヒトラー

すし、先導する警備の車なども通過しますから、分かるものですよ。勘を働かせました。坂を下って川沿いの道に出ると、そこには、ヒトラーが政権を取った後に造られたベルヒテスガーデン中央駅があるのですが、子どもの頃はそこに行き、駅舎の広いロビーで過ごすのが好きでした。そこは、別荘に招かれた国賓が降り立つ駅でもありました。武装親衛隊の隊員がパトロールを始めたら、重要な政治家が来る前触れです。イタリア首相のムッソリーニを見ましたし、イギリス首相のチェンバレンも見ました。彼らが列車で到着したところをです」

それにしてもなぜ、シュレアーさんはあのヒトラーを今でも「総統」と呼び、懐かしさや親しみのような感情を抱いているのか。ややためらいながら尋ねた僕に対し、彼はこの

ヒトラーの時代から立つシュレアーさんの自宅（一番手前の建物）

ように答えた。

「総統が引き起こした戦争や、ユダヤ人に対して行った行為はもちろん良くないことですが、総統にはもうひとつの側面があります。これは強調しなくてはいけません。私は、彼が政権を握る前、ワイマール共和国の時代に生まれました。一九三〇年です。第一次世界大戦に負けた結果、ドイツは賠償金を課せられ、インフレに見舞われ、ひどい時代だったと聞いています。失業者が六〇〇万以上にのぼりました。そこに総統が登場して、すべてを変革しました。人びとはまたたく間に魅了されました。このベルヒテスガーデンでも、大人気でした。彼が姿を見せると、誰もが歓声をあげていましたよ」

シュレアーさんが語ったことは、間違いではなかった。首相に就任したヒトラーは、矢継ぎ早に政策を実行に移し、ドイツに大変革を巻き起こしていった。そうした政策のひとつが、高速道路網「アウトバーン」の建設に代表される公共事業だった。ナチ党は、国債を発行し、大企業・高額所得者への増税を行い、そこで得た収入をもとに、大規模な公共事業を次々と実行に移し、失業者を雇い入れる政策を進めていった。その際にナチ党は、事業の効果が国全体に行き渡るよう、関わる建設業者に党員を送り込み、建設業者の中間搾取をなるべく抑え、投入された税金が労働者に多く分配されるよう監視した。それにより、公共事業費の四七％にあたる金が労働者に行き渡り、彼らがその金を使うことで経済全体に需要が次々と生まれていく「乗数効果」により、景気が上向き始めたとされる。

ドイツ中の家庭を演説会場に

一方ヒトラーは、こうした政策により国の経済が上向いているというイメージを国民に植え付けるため、マスメディアの操作にも力を入れた。そのために新たに作られたのが「宣伝省」で、ナチ党の最古参の幹部のひとりゲッベルスが宣伝大臣に任命された。ゲッベルスがまず支配下に収めたのが、ラジオ放送だった。

ドイツでは一九二三年一〇月二九日に初めてのラジオ放送が行われており、最初の緊急ニュースは、そのおよそ一〇日後に発生したヒトラーによる武装蜂起「ミュンヘン一揆」を伝えるものだったと言われるが、ナチ党は政権を握った一九三三年一月三〇日には早くもその力を利用し始めている。ブランデンブルク門などを通るベルリンの目抜き通りで行われていた「たいまつ行進」を生中継させ、全市民がヒトラー政権の誕生を祝っているかのような放送を行ったのだ。帝国ラジオ放送局の局長にはナチ党の幹部が就任し、全国の地方放送局は独立性を失い、共産主義者やユダヤ人などナチ党が敵視する人びとは解雇され、あからさまに排除されていった。さらに、ヒトラーの首相就任から八か月後には、ナチ党が電機メーカーに急きょ開発させた簡易型の安価なラジオ「国民受信機」が発売されている。

そんなラジオ放送が特に力を入れた番組が、ヒトラーの演説だった。ヒトラーの声が、連日のようにラジオから流れ、それまでは演説会場に足を運ばなければ聞くことができなかったヒトラーの言葉を、より身近なものへとしていった。ナチ党は、ドイツ中の家庭を、演説会場に変えようとしていたのである。

ラジオ以外にもうひとつヒトラーとゲッベルスが目をつけたのが、人びとの娯楽として浸透しつつあった「映画」だった。当時ドイツには、ニュース映画を作る会社が四つあり、それぞれがおよそ一週間おきに「ドイツ週間ニュース」というまとめニュースを作って、映画館で上映していた。他の映画が上映される前に、前座的に流されるのが主だったが、毎回二〇分から三〇分ほどの分量があり、それ自体が存在感のあるコンテンツだった。一九三三年一月以前の週間ニュースを見ると、ドイツ各地で行われるお祭りや、自動車レース、スポーツ大会の様子など、のどかで楽しげなトピックが多く見られるが、ヒトラーの首相就任を境に、政治色が強くなっていく。各社の作るニュース映画は宣伝省の検閲の対象となり、一九三五年に「ドイツニュース映画局」が作られて以降は、ナチ党が制作を牛耳っていくようになる。

こうしてメディアを掌握したナチ党は、例えばヒトラーが参加したアウトバーンの起工式の様子を、ラジオニュース、新聞報道、そしてプロパガンダ映画などで大々的に喧伝するなど、国民の中に将来への明るい見通しを印象付け、それによりナチ党が進める経済政策を後押ししていった。こうしてドイツ経済は目覚ましい回復を見せはじめ、ヒトラーが政権に就いた時に六〇〇万近くいた失業者は、わずか二年間で半分に、六年後には一〇〇万を切るまで減少していった。そして国民は、有言実行のこの新リーダーを、熱烈に支持していくようになる。

ベルリンの中心部、ブランデンブルク門から西に広がる巨大な庭園「ティアーガルテン」のすぐそば、戦前から続く閑静な住宅街で、国民が雪崩《なだれ》を打ってナチ党支持に傾いていく様を目のあたりにしていた人に会った。ヒトラーが首相に就任した一九三三年、軍の高官だった父の仕事でベルリンに引っ越してきたエーディト・バートシュトゥープナーさんは、後の戦禍を奇跡的にのがれた四階建てのアパートメントに、今も住んでいる。

引っ越してきた当時、彼女は八歳だった。コーディネーターのベティーナさんが「きわめてベルリン的」と表現する、理知的で、批判精神に富んだ、プライドの高い女性で、ヒトラーやナチ党に対してもシニカルな考えの持ち主ではあったが、そんな彼女であっても、インタビューを進めていくと、ドイツに大きな変革をもたらしたこの類まれな指導者に対し当時抱いていた「畏敬の念」が、言葉の端々からにじみ出てきた。

「私たちがここに入居した時は、この通りのどのアパートメントにも空き部屋がいくつもありました。町を歩いていると、あちこちに赤い看板で『入居者募集』と出ていたものです。失業者が町に溢れていた時代でした。これが、短期間で劇的に変わりました。

わが家で働いていた掃除婦の夫は元工場労働者で、何年も失業していましたが、急に仕事が見つかりました。ヒトラーは多くの約束をし、実際、国民のために多くを実現しました。だからこそ、なおのこと、皆、彼の話に耳を傾けたのです。

ヒトラーの演説がラジオから流れる時は、いつも新聞などで予告があり、ラジオを持っていない人は電気屋の前に並んで外で聴いていました。何が起きているか知りたかったから、そうまでして皆、聴いたものです。安い『国民受信機』が発売されると、多くの人が購入しました。聴ける周波数も少ないし、ドイツ国内の放送しか入りませんでしたが、皆、誇らしげでした。それ以前、ラジオは裕福な人だけのものでしたから。

ラジオ放送を通じて、ヒトラーがいかに理想の人物か伝えられました。彼は非常に

エーディト・バートシュトゥープナーさんの自宅にて。国民受信機は、各型合わせて700万台以上が生産された

禁欲的な生活を送っており、菜食主義者で酒を飲まず、タバコも吸いませんでした。動物好きである点も強調されていました。シェパードを飼っていましたね。それと子どもも好きでした。子どもたちを頻繁に、首相官邸や別荘に招待する様子も紹介されました」

メディアを通して喧伝される「理想の指導者」としてのヒトラー像は、彼の経済政策が実を結んだこともあり、老若男女を問わず、広く受け入れられていった。当時ベルリン郊外に暮らしていた一九二四年生まれのローゼマリー・ベンダー＝ラスムスさんには、教師をしていた二人の大伯母（母方の祖父の姉）がおり、彼女たちから、ヒトラーの〝すばらしさ〟を幾度となく聞かされて育っていた。

「大伯母のひとりは家政科教師で、もうひとりはフランス語の教師でした。二人とも、ギムナジウム（日本の中学校～高校に相当）で教えていました。彼女たちは未婚だったため、私を実の子のように大切にしてくれて、まだ小学生だった私を連れて、ベルリンにある総統官邸にまでよく行きました。ヒトラーはバルコニーに出てきて、人びとはその下で熱心に彼の言葉に聞き入っていました。大伯母たちは、もう有頂天でした。

とにかくヒトラー一筋でした。『ヒトラーは、なんてお手本のような人なのでしょう！』などとばかり言っていました。一度だけ、大伯母のひとりから強く平手打ちをされたことがあります。たぶん、ヒトラーについてふざけたことを言ったのだと思いますが、『分をわきまえなさい』ときつく言われたことを覚えています。

彼女は、ヒトラーの新しい肖像画が出れば必ず購入しましたし、新聞の写真も切り抜いていていました。ヒトラーに関するものは何でも集めていました。『ヒトラーと犬』『ヒトラーとベルヒテスガーデンの別荘』といった本も持っていました。そこでは、山荘の厨房や使用人たちも紹介されていて、それらのすべてが模範的モデルでした」

ヒトラーに心酔する人びと

こうして、ヒトラーの別荘は多くの人が押し寄せる観光名所となり、その別荘を一望できるベルヒテスガーデンも賑わいを見せていった。丘陵の中腹に立っていた「ベルクホーフ」は、戦争末期に連合軍の爆撃を受け、現在では一部の土台を残して完全に破壊されている。ちなみにこの別荘は、かつて獄中で口述筆記させた著書『わが闘争』の印税で購入した御殿《ごてん》で、この別荘のバルコニーから見下ろす風景をヒトラーはいたく気に入っていたとされる。ヒトラーの恋人だったエーファ・ブラウンが残したプライベート・フィルムには、バルコニーでくつろぐヒトラーの様子が、多く収められている。

ベルヒテスガーデンで雑貨屋を営んでいたルートヴィッヒ・シュレアーさんの家も、ヒトラー詣での客を当て込み、上の階を客室にして、宿屋のようなことを始めていた。

「客の大部分は、総統を見たいと願い、町に滞在している人たちでした。彼らはまだ少年だった私に、『なあ坊や、総統を一目見たいんだが、一緒についてきてくれないか？案内してよ。お礼を払うから』と言うのです。そうしてよく、ベルクホーフまで案内しました。

総統はしばしば、別荘の階段に立って、人びとを迎えていました。総統は常に大衆に近い存在として振る舞いました。ここに来た時の総統は、それ以外で見せる政治家としての顔とは別の一面を見せていました。客たちは、嬉しそうでしたよ。そのためにはるばる来たのですから。彼らが総統と言葉を交わし、さらに心酔したことは間違いありません。ヒトラーには、悪魔的な魅力があったのです」

ベルクホーフのバルコニーから景色を楽しむヒトラー。エーファ・ブラウン撮影

© National Archives

ヒトラーに心酔したのは、観光客だけではなかった。シュレアーさんの父もヒトラーの熱烈な支持者となり、ナチ党の武装組織「突撃隊」に入隊した。隣のパン屋は「親衛隊」に入隊しており、「突撃隊」や「親衛隊」に加わる町民が後を絶たなかった。この町で生きていくためには、それはごくごく当たり前のことだったとシュレアーさんは語る。シュレアーさんの店は、ベルヒテスガーデンに駐屯してヒトラーを護衛する「武装親衛隊」の御用達となり、タバコなど大量の雑貨を買いつけるため多くの親衛隊員が出入りするようになっていく。

「この町は、ヒトラーにとって第二の故郷であり、ヒトラーに対して特別な親近感を抱いていました。熱狂した人びとが総統を祝福に来たことを、私たちはこの目で見て

ヒトラーの別荘を見物しに来た人々（１９３４年）

© Archiv Baumann-Schicht, Bayerisch Gmain

います。だから、戦争中の行いだけに目を向ける人たちよりは、総統に対し寛容なのです。ヒトラーから利益を受けたのです。

　ヒトラーはふたつの段階に分けて考えることが必要です。私がいつも言うテーゼです。一九三九年までは、彼はドイツの偉大な指導者でした。一九三九年に彼が暗殺されていたとすれば、彼は偉大なるドイツ人として歴史に残ったでしょう。ワイマール共和国の負の遺産である六〇〇万もの失業者問題を解決したヒトラーに、皆、歓声をあげました。一九三九年に第二次世界大戦を始めたことにより、総統は嫌悪すべき対象になったと強調したい。戦前は、ドイツのために、さまざまな成果を達成しているのです」

別荘前で待つファンとヒトラー（1934年）
© Archiv Baumann-Schicht,Bayerisch Gmain

今回インタビューした中で、実に多くの人びとが、「ヒトラーは一九三九年に戦争さえ始めなければ、偉大な指導者だった」と語ることに、僕は正直驚いた。取材の初め、ミュンヘン郊外の街でお会いした一〇三歳のアンナ・ドレングラーさんも、「ヒトラーのことは嫌いだ」と前置きしつつも、「ヒトラーは仕事を約束し、その通りに実行しました。ガタガタだった道路もきれいにしてくれました。戦争さえ起こさなければ、良かったのです。それさえなければ、良い指導者だったのに」と語っていた。

調べてみると、これは、戦後のドイツ人の中に脈々と培われてきた歴史観だということも分かった。一九六〇年代にドイツの有名な世論調査団体のアレンスバッハ研究所が行った調査によると、「戦争がなければ、ヒトラーはドイツの歴史の中で最も偉大な政治家だった」という意見を支持した人は、すでに戦争終結から二〇年近くが経っていたにもかかわらず、回答者全体の三分の一にのぼったという。

確かにヒトラーは、一九三九年九月のポーランド侵攻を皮切りに、一九四〇年五月の西ヨーロッパ侵攻、一九四一年六月のソヴィエト侵攻と周辺の国々に次々と牙をむき、特にポーランドやソヴィエトなど東ヨーロッパでは非道の限りを尽くし、国内外の数百万のユダヤ人を死に追いやった。だが、異質な集団を排除し、徹底的に攻撃するというヒトラーおよびナチ党の本質は、政権を掌握した直後から表れ始めている。

その最初の兆候は、一九三三年二月二七日、ベルリン中心部にある国会議事堂で発生した放火事件だった。現場でひとりのオランダ人共産主義者が逮捕されたのを口実に、ナチ党は共産党の弾圧に乗り出していく。共産党議員を逮捕、拘禁して国会に参加できなくし、三月二三日、国家人民党などの協力を得て「全権委任法」を成立させた。この法律は、

「共産主義者の暴動から国と人民を守る」という大義名分のもと、議会の賛同を得なくても、政府が制定した法律をそのまま実行に移せるというもので、ドイツの民主主義を根幹から揺さぶるものだった。この「全権委任法」の力により、七月にはナチ党以外の政党が非合法化され、数万人もの左翼思想家が逮捕され、次々と収容所に送られていった。また、同じ年の三月には、ミュンヘン郊外のダッハウに強制収容所が造られており、これを嚆矢《こうし》に、ナチ党は全国各地に強制収容所を建設していく。その数は、一九三三年だけで八〇か所以上に及んだ。

景気を回復基調に乗せた矢継ぎ早の経済政策は、こうしたナチ党による一党独裁体制のもとでなければ、容易には実現できないものだった。ヒトラーのもたらした〝奇跡〟は、言うなれば、民主主義を骨抜きにし、ナチ党と意見を異にする国民の意見を一方的に封じることで達成された。その後のドイツの歴史を見ると、悲劇の歴史はすでに一九三九年以前に始まっていたはずなのに、未だに多くの人がその点にはあまり目を向けていないことが、驚きだった。

あの時代、なぜ人びとは、その危うさを見過ごしてしまったのか。それを考えるヒントとなったのが、ヒトラーが政権を取った頃、ドイツ北部の港町リューベックで暮らしていた、ヴォルフガング・ブロックマンさんへのインタビューだった。ブロックマンさんの父ハンスさんは、第一次世界大戦に海軍の水兵として従軍し、ヴェルサイユ条約に唯々諾々《いいだくだく》と従う政府に対して強い不満を持ち、強い指導者の登場を待ちわびていた。そして、政権を奪ったヒトラーが経済を立て直し、国が劇的に変化していくのを見て、熱烈なナチ党支持者となった。

「父は信念のある国民社会主義者でした。『ナチ』というのは蔑称で、国民社会主義を貶《おとし》める語句ですので、私は使いません。私の父は、真の正直な国民社会主義者でした。理想主義者で、ヒトラーらによる政治がドイツを救うと、本当に信じていました。私の母も、同様でした。子どもの頃、街でランタン祭りがありました。母が私のランタンにハーケンクロイツ（ナチ党のシンボルである鉤《かぎ》十字）を描いてくれたのですが、誇らしく感じました。

その一方で、一九三三年以降、私たちの周りの『左翼の人びと』が次々と姿を消し始めました。聞くと、収容所に入れられ、再教育を受けているといいます。でもしばらくすると彼らは戻りました。私の一番の親友の父は港湾労働者で共産党員でしたが、連行され、一定の期間が過ぎると帰ってきました。連行されたとしても、そうひどい扱いを受けていたわけではないのです。幼心《おさなごころ》に、そう理解しました」

ヒトラーが政権を取った当初、ドイツ人にとって「強制収容所」とは、決して生きて帰れない場所ではなく、労働をしながら思想教育を施される場所くらいの認識だった。調べてみると、ブロックマンさんの言うように、一九三〇年代前半に強制収容所に送られた人びとは、かなりの確率で、生きて帰ってきている。ミュンヘン郊外に造られたダッハウ収容所を例に見てみると、一九三三年から一九三七年まで、平均的な囚人数が二〇〇〇人ほどだったのに対し、死亡者数は一一人から四一人の間を推移している。これが、後になると桁違いな数となってくる。一九四二年に至っては、九〇〇〇人近くいた囚人のうち、半数以上が生きて収容所を出ることができなかった。

もちろん、一九三〇年代中盤までの犠牲者たちも、決して平和裏に死んだわけではなく、拷問などを受ける中で命を落としていったわけで、そこから収容所での過酷な扱いを読み取ることができる。だが、ヒトラーが政権に就いた時、わずか五歳だったブロックマンさんにとって、父が熱心に信奉するナチ党が唱える「ドイツ民族のための国造り」は絶対正義で、それに抵抗する共産主義者を収容所に送り込んで思想教育をすることは、特段、脅威とも悪とも認識されなかった。そして、ブロックマンさんの言葉の端々から、そうした思いが今でも彼の中に残っていることを感じた。

ヒトラー・ユーゲントとドイツ女子同盟

いつの時代も、子どもとは、経験が浅い一方で柔軟な思考を持っているがゆえに手なずけられやすいという危険性を持つものだが、ナチ党もまた、その支配を盤石《ばんじゃく》のものにしていくため子どもたちを積極的に取り込んでいく。ナチ党には、政権を掌握する前から、男の子のための「ヒトラー・ユーゲント」、女の子のための「ドイツ女子同盟（ＢＤＭ）」という組織があり、一〇歳から一八歳まで参加することが可能だったが、ヒトラーの首相就任後、ドイツ国内にあった各種の青少年組織を強制的に吸収しながら、ドイツ全土くまなく行き渡る巨大組織へと姿を変えていった。「ヒトラー・ユーゲント」は、国家のために勇猛果敢に戦う将来の兵士を育てることを第一の目的としており、軍事訓練のような活動を通じて肉体を鍛錬し、祖国愛や民族意識を養うことに力点が置かれていた。一〇歳から入れるのは「ピンプフ」という少年団で、一四歳から一八歳までが、正式な「ヒトラー・ユーゲント」とされた。同じく一〇歳から加入できた「ドイツ女子同盟」は、良妻賢母を育成することを主な目的としていて、家政学だけでなく体育にも重点が置かれていたが、

ダッハウ収容所の死亡者数（上段）と収容囚人数（下段）

1933年	1934年	1935年	1936年	1937年
22	33	12	11	41
-	-	-	-	2000

1938年	1939年	1940年	1941年	1942年
256	183	1575	2578	5128
4666	3735	6822	8800	8735

後に戦時色が強まってくると、従軍看護師として戦場に赴けるよう応急処置の訓練なども行われた。

今回インタビューをした一二人の中で、一九三三年にすでに一八歳だった最年長のアンナ・ドレングラーさん以外のすべての人が、この「ヒトラー・ユーゲント」や「ドイツ女子同盟」に参加した経験を持っていた。

ヒトラーの別荘のあるベルヒテスガーデンのような田舎町にもヒトラー・ユーゲントの支部が作られ、シュレアーさんも小さい頃から、これに加わっていた。時に、アルプスの山間《やまあい》ならではのロケーションを生かしたキャンプも行われ、夢中になって参加したという。シュレアーさんの属するヒトラー・ユーゲントでは、毎週日曜日に「少年・映画の日」と呼ばれる催しが開かれ、当時ベルヒテスガーデンの中心部にあった映画館に少年たちは集められた。彼らがそこで鑑賞したのは、ナチ党の政治的、軍事的、外交的プロパガンダに満ちた、ニュース映画や記録映画だった。それがどれほど少年たちに影響を与えていたのか、僕はシュレアーさんのインタビューの際に実感させられることになる。その時、僕は、温厚で笑みを絶やさないシュレアーさんの中に、わずかばかりの「闇」を見た。それは、携帯型のスクリーンをリビングに広げて戦前のヒトラーの演説映像を映し出し、一緒に眺めながら、ヒトラーの演説について尋ねようとしていた時のことだった。

「これはニュルンベルクですね？ヒトラー・ユーゲントだ！すごい！
生き生きとしていますね！私の知るヒトラーです！」

そう感嘆の声をあげた時の彼の眼はランランと輝いていて、今から八〇年前、ヒトラーを見ていた時のシュレアーさんの眼はこうであったのだろうと思わせるものだった。その時スクリーンに映し出されていたのは、一九三四年九月にニュルンベルクで行われたナチスの全国党大会の様子を収めた、レニ・リーフェンシュタール監督の『意志の勝利』という記録映画だった。シュレアーさんはこの映画を、「少年・映画の日」に鑑賞し、非常に大きな感銘を受けたのだという。

ナチスの党大会は、一九二七年八月に開かれた第三回の大会から場所をニュルンベルク

ヒトラーの演説映像を見つめるシュレアーさん

に移して開かれており、その時にルイトポルト広場で撮影された映像が、演説するヒトラーの姿を捉えた最古の映像であることはすでに述べた通りだが、広場でこぢんまりと行われていた党大会は、それから七年後、莫大な国家予算を投じて行われる巨大な儀式に姿を変えていた。ルイトポルト広場から五〇〇メートルほど離れた場所には一〇万人を収容できる演説会場「ツェッペリン広場」が造られ、党大会のメイン会場としてさまざまなパレードが行われる場となった。ニュルンベルクを訪ねてみると、「ツェッペリン広場」の演台や客席が今も当時のままの姿で残されており、その威容を偲ぶことができる。

ヒトラーが数々の演説を行ったその演台に立ち、正面を見据えてみると、向かって左前方に巨大なスタジアムが見える。二〇〇六年のFIFAワールドカップ・ドイツ大会のために改築されたこのスタジアムは、現在ドイツのブンデスリーガに所属するFCニュルンベルクのホームグラウンドになっているのだが、一九三四年当時、ここにはすでに、三万七〇〇〇人を収容するサッカー場があった。一九二〇年代に失業対策事業として建てられたそのサッカー場を、ナチスは「ヒトラー・ユーゲント」と「ドイツ女子同盟」を集めて厳かな儀式を執り行う会場として利用した。

シュレアーさんが目を輝かせた一九三四年の党大会の演説で、ヒトラーは、少年少女に向かってこう穏やかに語り出している。

「わがドイツの青年諸君、このスタジアムに集まっている諸君は、ほんの一部にすぎない。その後ろに全ドイツの若者たちがいる。

諸君らドイツの少年少女に私は切に願うことがある、我々が将来のドイツに託す期待のすべてを、吸収してもらいたい。我らはひとつの国民を目指している、諸君ら若者こそがその国民となるのである。将来のドイツに階級や身分は要らない。そのようなものを諸君の中に育ててはならない。我々はひとつのドイツを求める。その時に備えて心を引き締めてほしい。諸君ら若者は、従順であることを行動で示さねばならない。平和を愛すると同時に、勇敢でなければならない。まず平和を愛することだ。心に刻むのだ、平和を愛し従順かつ勇敢であるように。

諸君は心身ともに強健でなければならない。軟弱であってはならぬ。若いうちに心と体を大いに鍛えてほしい。どんな困難にも耐えることが必要である。ひるんではならない。立ち向かうのだ。人間のあらゆる所産や行為は、やがて消える。私もいつか世を去る。しかしながらドイツは諸君の中に生き続ける。たとえ何を失おうとも、我々が高く掲げた旗を守り続けてゆくのだ！」

そして、徐々にテンションを上げ、リズムよく韻を踏みながら、クライマックスに向けて一気に駆け上がっていく。

「諸君との間の絆を私は信じている。諸君はまさに我々の、血であり肉なのである。諸君の胸の中には我々と同じ精神が宿っている。諸君と我々とは一心同体なのだ！

我々の力をひとつに結集したこの大編隊がドイツ全土を誇らかに行進する時、諸君も必ずやそこに加わっているだろう！

我々の前にドイツの未来があり、我々はドイツと共に歩み、その後ろに輝かしいドイツができるのだ！」

国際的にも高く評価されたリーフェンシュタールの映像美もあり、この演説は、ヒトラーが行った演説の中でも名高いもののひとつとなっているが、それに色を添えているのが、スタジアムに集められ、ヒトラーの演説

1934年の党大会でスタジアムに集まったヒトラー・ユーゲント。『意志の勝利』より

© National Archives

に熱狂する数万の少年少女たちだ。客席がアップになった時に映し出される少年少女は、どの子も精悍で自信に満ちた顔をしていて、スタイルも良く、制服も見事に着こなしている。それもそのはず、彼ら彼女らは、全国のヒトラー・ユーゲント、ドイツ女子同盟の中から選び抜かれた、エリート中のエリートだったのである。

この会場にいた少年少女たちは、いったいどのように選ばれ、どのような思いでこの場に集まり、ヒトラーの演説に耳を傾けたのか。ぜひ会って尋ねてみたいと思い、ベティーナさんにお願いをした。だが、これもまた、かなり無理な依頼だった。この日会場に集まっていた子どもたちは、一〇歳以上。取材を行った二〇一八年九月の時点で九四歳以上と高齢であるうえに、彼らはその後ナチスが引き起こした戦争に動員された中核世代だった

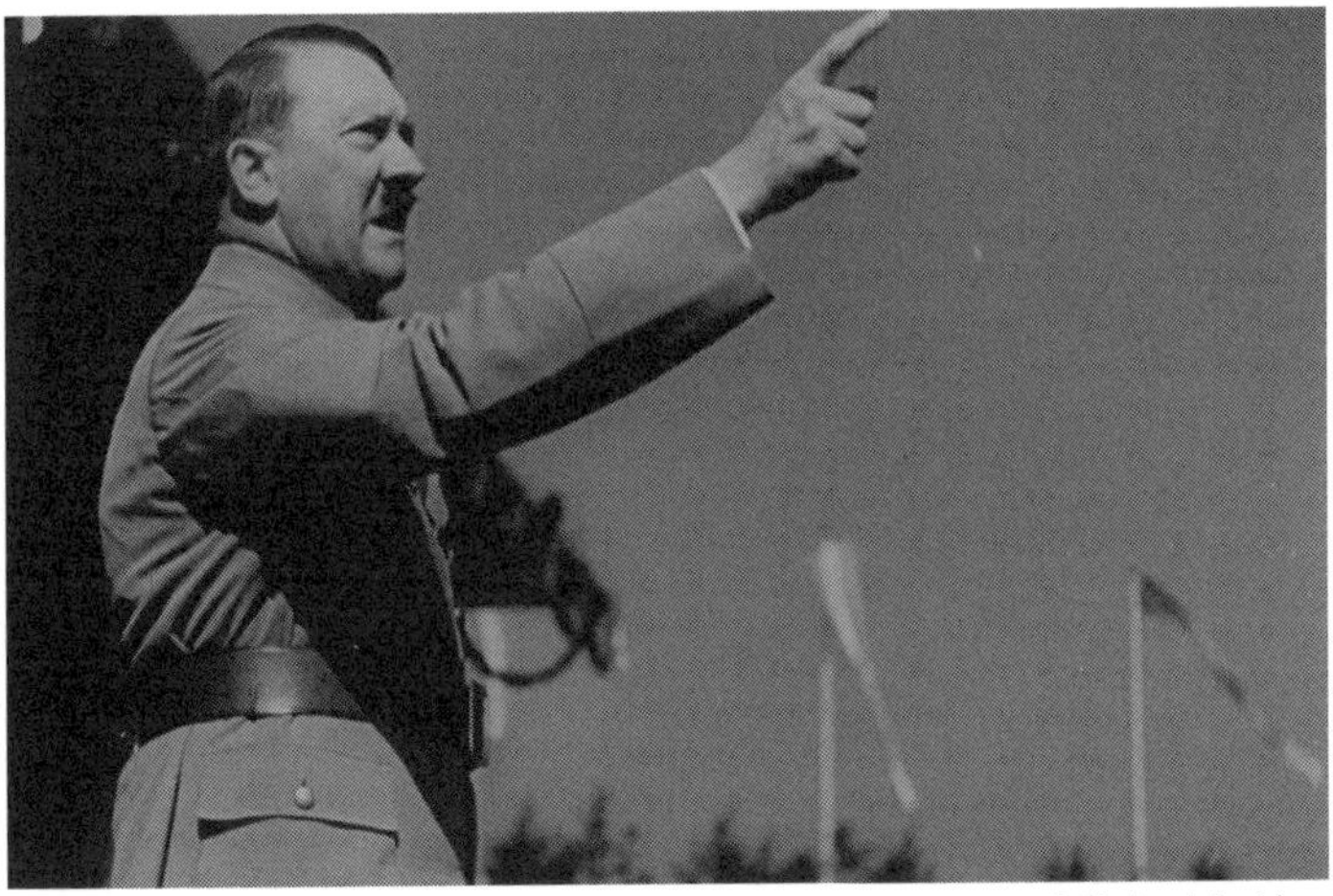

同じく『意志の勝利』より、党大会で演説するヒトラー

© National Archives

ため、多くの者が戦死しているからだ。また生き残った人びとも、ナチ党の党大会に選ばれたという事実は、戦後長い間、表立って語らなかったことなので、なおさら探しにくい。

ナチズムが生んだ〝エリート〟たち

そうした中、ベティーナさんが探し出してきてくれたのが、リーフェンシュタールが撮影した翌年、一九三五年の党大会に選抜され、ヒトラー・ユーゲントの代表としてニュルンベルクに行ったという男性だった。僕たちはその男性が住むブレーメンへと向かった。郊外ののどかな住宅街に立つアパートメントを訪ね、玄関先にある呼び鈴を鳴らすと、その男性が二階の自室から階段を降りてカギを開けてくれた。一九二五年生まれのクラウス・マウエルスハーゲンさん。この時点ですでに九三歳だったが、一九〇センチはあろうかという長身で、引き締まった体に、ブルーのスーツとネクタイをビシッと着込んでいた。そして、力強く握手をし、にこやかに挨拶を交わすと、年齢をまったく感じさせない足取りで階段を一段飛ばしで上がっていき、僕たちを部屋の中へと招き入れてくれた。

きれいに整理整頓された日当たりの良い居間に通された。さっそくこちらの取材意図を伝え、当時の率直な思いを聞かせていただきたい旨を伝えると、彼はこう言った。

「はるばる日本から私の話を聞きに来てくださり、本当にありがとうございます。目がまったく見えず、皆さんのお顔を拝見できないのがとても残念ですが、こうして声を聞くだけでも、信頼してお話しできる方だと分かります」

驚いたことに、マウエルスハーゲンさんは数年前から衰えた視力を、今では完全に失っているのだという。同居人は誰もおらず、妻とはずいぶん前に離婚し、子どもとも音信不通とのことだった。それにもかかわらず、すべてを整えて僕たちを迎え入れ、さらには一段飛ばしで階段を駆け上がっていく。ひとりの人間としての「強さ」「優秀さ」を見せつけられた僕は、率直に敬意を抱くと同時に、気おくれを感じずにはいられなかった。そして、彼という存在の背後に、国家に有用な人

クラウス・マウエルスハーゲンさん。自宅にて

材を育てたいと願ったヒトラーの影を、感じ始めていた。

クラウス・マウエルスハーゲンさんは、ドイツ西部のフランクフルトから南西に一五〇キロほど離れた人口七〇〇〇の小さな村、ファルケンシュタインで生まれ育った。父は空軍の将校。一歳下の妹ローレさんとは仲良しで、何をするにも常に一緒だったという。

ヒトラーが首相に就任して五か月後の一九三三年六月、八歳の誕生日を迎えたマウエルスハーゲンさんは、まさにその日に、ヒトラー・ユーゲントの少年団に入団した。八歳で入団するのは異例なことだったが、マウエルスハーゲンさん自身が熱烈に希望したため、親もそれを後押しし、特別に認められたのだという。


「八歳の誕生日に初めて制服を手にした時、本当に誇らしい気持ちでした。茶色のシャツに茶色のズボン、帯革、肩ベルトが付いていました。私は小さい頃から軍人に憧れていたので、カッコいい制服をもらえて、鼻高々でした。将来軍人になって一生制服を着ていきたい、子ども心にそう感じていました。私が少年団に入るのを心待ちにしてきたのを、父もよく分かっていました。だから入団を認めてくれたのです。

入団したての頃は、よくプロパガンダ行進をしました。私たちは村から村へと練り歩き、歌を歌いました。私がグループの最年少でしたが、私にとってすばらしい時間でした。行進しているだけで楽しかったです。私は行進が大好きでした。

心配した母が指導者に『クラウスは辛そうではなかったでしょうか』と尋ねると、

『あのチビちゃんは、一番優秀です。行進でも、上級生が付いていけないほどですよ』と言われたそうです」

Q．少年団やヒトラー・ユーゲントで一番楽しかったことは何でしたか？

「『ゲレンデシュピール』という名の戦争ごっこです。男の子たちがふたつのグループに分かれ、片方がドイツ軍役、もう片方が敵軍役になります。敵軍は森の中に、誰にも見つからないようにカムフラージュして隠れるのです。一方、攻撃するドイツ側は、森に潜んでいる敵軍役を探すのです。見つかってしまった者は、そこでゲームオーバーです。これがゲレンデシュピールです。もちろん、将来兵士になるための準備です。そういう意識のもと、行われていました」

少年時代のマウエルスハーゲンさん（左）と妹のローレさん（右）

Q．当時からそう意識していたのですか？

「もちろんです。訓練する前に、そう説明をされました。これは、兵士になるための、予行演習であると」

一番楽しかった活動は何ですか、と聞いた時、マウエルスハーゲンさんは、間髪を入れず、「ゲレンデシュピール」と答え、嬉々としてその説明を始めた。どれほど彼の心を摑んでいたのかがよく分かる。「戦争ごっこ」という、子どもたちの夢中になりやすい遊びを通して、将来、国のために戦う兵隊になるという意識を刷り込んでいく。そのことの恐ろしさに、まだ多くの人は気づいていなかった。マウエルスハーゲンさんの両親は、ナチ党員ではなく、国粋主義的な考えの持ち主でもなかったそうだが、息子が屋外で生き生きと活動していることを喜び、積極的に後押ししてくれたという。

ファルケンシュタインの少年団は、フランクフルトの北、クロンベルクという町に本部のある「フェーンライン」という上部組織に属していたが、入団して二年もすると、マウエルスハーゲンさんはこの上部組織全体の中でも、年少の子どもたちのリーダー格に成長していった。そして一九三五年の初夏、フェーンラインの指導者がファルケンシュタインまで来て、嬉しいニュースを知らせてくれた。

「ニュルンベルクの全国党大会に連れていく団員を選んでいるのだが、君はメンバーのひとりとしてぜひ来なさい」と言うのです。驚いて、「なぜ私が？」と聞いたところ、彼はこう答えてくれました。「君はここで最も優秀な団員のひとりだ。スポーツもゲレンデシュピールも上手だ。歌も行進もよくできる。だからニュルンベルク行きに選ばれたのだ。帰って、両親に話して聞かせてあげなさい」

Q. その言葉を聞いて、どう思いましたか？

「誇らしく思いましたよ。家に帰って『ねえ聞いてよ！僕はニュルンベルクの全国党大会に行けるんだよ！九月に！』。すると母も一緒に喜んでくれました。『他の町の子たちとも知り合いになれるわね。良かったわね！』と。

嬉しかったですねえ。なぜなら、全国党大会に出席を許されるというのがどういうことか、子どもながら理解していたからです。週間ニュースで見たことがありました。巨大な会場で全国の仲間と一緒になり、テントに泊まり、すばらしい行進をします。とにかく特別なことだということです。何しろ、総統をじかに見られるのですから」

Q. ヒトラーを直接見られるというのは、どれくらい特別なことだったのですか？

「ドイツにはかつて皇帝がいました。祖母の話では皇帝が来ると、皆駆けつけて『万歳』と叫んだそうです。私の時代は、その皇帝が、ヒトラーでした。国家の最高の人物です」

代表団に選ばれた少年たちは、ファルケンシュタインからフランクフルトまでバスで移動し、そこから列車に乗ってニュルンベルクへと向かった。マウエルスハーゲン少年にとって、これが初めての列車旅行だった。ニュルンベルク駅に到着した一行は、南東に五キロほど離れた森の中の宿営地まで行進してテントを張り、党大会に向けての予行演習に追われることになる。

そして迎えた一九三五年九月一四日、朝七時にテント宿営所を出発したマウエルスハーゲンさんたちが、三〇分ほど行進してスタジアムに到着すると、すでに会場は少年少女で溢れかえっていた。スタジアムの客席の足元に、「第五フェーンライン、第八一少年連隊」とチョークで書かれた団体名を見つけ、そこに整列する。

午前一〇時、式典が始まった。司会進行を務めるアナウンサーの言葉が、会場に一〇メートルおきに設置されたスピーカーから聞こえてくる。「黒いメルセデス・ベンツに乗って、総統が全国党大会の会場に到着します」というアナウンスが聞こえ、間もなく、黒塗りの車がスタジアムの中に入ってきた。停車し、突撃隊員が駆け寄ってドアを開けると、ヒトラーが車を降りて敬礼し、演台のそばの要人たちの列に加わる。

ヒトラー・ユーゲントの代表であるシーラッハや、宣伝大臣のゲッベルスらが短くスピーチをした後、ヒトラーがゆっくりと演台に歩み寄り、左右を見渡し敬礼をすると、子どもたちに向けて語り始めたとマウエルスハーゲンさんは言う。「ヒトラーがその時発した言葉を覚えていますか」と質問してみたところ、思わぬ反応が返ってきた。彼は右手を斜め前に突き出す「ナチ式敬礼」をしながら、あたかもヒトラーの魂が乗り移ったかのような口調で、高らかに謳《うた》いあげはじめたのである。

「ハイル！ドイツ全土より集う少年団の少年、少女たちよ！
諸君はこの全国党大会を共に開会する栄誉に浴するのだ！

私は諸君を誇りに思う。
ドイツの未来である若者たちよ。諸君は信頼に足る存在である。
諸君はドイツを再び大きな存在にするであろう。
かつてより、より美しく、より大きく、より意味を持つ存在に。
我々は再び、世界で筆頭の地位を占めるのだ。
かつての地位より、より大きく、より良く、より美しくなるのだ。

少年少女よ、私は知っている。

諸君は襲い掛かってくる者があれば、祖国防衛のため国家のために自らを捧げ、
総統に殉ずる覚悟のあることを！」

見えないはずの眼が大きく見開かれ、ギラギラと輝いている。その迫力に、僕らは言葉を失った。呆然としながらそれを見守っていた、というのが正確な表現かもしれない。マウエルスハーゲンさんの参加した、一九三五年の党大会でのヒトラー・ユーゲントに対する演説の映像は、現在は残されていない。ということは、マウエルスハーゲンさんは八〇年以上にわたり、ヒトラーの演説をみずからの頭の中で反芻し続けてきたことになる。もしかして、彼は今も、ヒトラーの呪縛から解き放たれていないのではないか……。そんな考えを、僕は持ち始めていた。

戸惑う僕らを尻目に、マウエルスハーゲンさんの独演会は続いた。総統の演説が終わると、すぐさま、軍楽隊が演奏を開始したのだという。それは、一九三三年に作られた「前へ！前へ！（Vorwärts! Vorwärts!）」という、ナチ党の集会では必ず奏でられる歌だった。ヒトラーの演説に心奪われたマウエルスハーゲンさんら会場の少年少女は、力の限り合唱し、その声はスタジアム中に響き渡った。

前進　前進を！ファンファーレに合わせ
前進　前進を！若者は危険を知らない

目標が高いほどに　若者はやりとげる
旗はひるがえり　我々を前に進める
我々は手に手を取り　未来に向かう
総統のため　夜も困難も超えて行進する

自由の旗　自由とパンのため
旗はひるがえり　我々を前に進める
我々は手に手を取って　未来に向かう

総統のため　夜も困難も超えて行進する
そうだ　旗は死よりも大きい

演説からその後の独唱まで、彼があまりに淀みなく語り、歌うのを見て、僕は彼がこれらの言葉をどこまで自分の中で咀嚼《そしゃく》しているのか、確かめたくなった。そこで、「ヒトラーの演説の中で、最も印象に残ったのは何

ナチ式敬礼をしながらヒトラーの演説を暗唱する、マウエルスハーゲンさん

でしたか?」と問いかけてみたところ、マウエルスハーゲンさんは、迷いを一切感じさせない言葉で、即座にこう切り返した。

「敵が襲い掛かってきたら、私たちが命を差し出すであろうと言ったことです。強い感動が残りました。戦争になったら、私は軍人として必ずや命を差し出そうと思っていたからです。私には、当然のことでした。演説の後で、党大会に参加した仲間たちとも話し合いましたが、やはり彼らも同じように感じていました」

この言葉を聞きながら、彼がヒトラーの言葉を自分の血肉としており、八〇年以上前にヒトラーが仕掛けた「呪縛」に今も囚われ続けているのではという思いを、僕は、より一層強くしていた。

ドイツや日本など「敗戦国」の元将兵や市民の方々を取材していると、戦後の教育や実生活の中で新しい価値観が植え付けられ、戦前や戦時中の率直な気持ちを引き出すのに苦労することが多々ある。「今のは、その時に感じていた心情ではありませんよね。実際はどうでしたか?」などという質問をぶつけながら、徐々に言葉を引き出していかなければいけないのだが、インタビューする側の技量の問題もあり、当時のありのままの思いが聞けるとも限らない。だが、マウエルスハーゲンさんの場合は、そうではなかった。あの時代、ナチ党を熱烈に支持していた人びとの心情が、そこにはみなぎっていた。

一方、マウエルスハーゲンさんのように、時代の流れに適応し、溢れんばかりの使命感で突き進んでいく優秀なエリートが出て来れば来るほど、そういう流れに乗り切れない人びとにとって生きづらい世の中が生まれていった。それは、強い同調圧力となって、ナチ党の活動に興味を持たない子どもたちに襲い掛かっていく。

ヒトラーの首相就任直後にベルリンに引っ越してきたエーディト・バートシュトゥープナーさんは、一九三五年、一〇歳になると同時に「ドイツ女子同盟（ＢＤＭ）」への加入を求められた。嫌がる彼女に入団を強いたのは、ドイツ空軍の高官を務める父親だった。

「将校だった父は、出張で家を空けることが多かったのですが、家に戻ってくると必ず、『ＢＤＭに登録したか？』と私に尋ねました。父にとっては大問題だったのでしょう、出世に響いたりしたのかもしれません。ある時は、断固とした調子で、『いい加減、参加せねばならない』と告げてきました。あたかも強制行事のようでした。

何とか父にお願いして、入団を一年遅らせてもらえました。私にとっては、友達と演劇や映画に出かける方が楽しくて、そんなことには関心がなかったのです。一年経つ間に、父が諦めてくれるかなと期待していたけれど、父は忘れていませんでした。そこで一一歳でようやく入団しました。その後も、夜の集いや奉仕活動などを休みがちだったので、参加するよう督促状《とくそくじょう》が届きましたが、私は病気だと、母が一筆お詫びを書いてくれたので、救われました。それでも時々行かねばならず、町を行進させられたりしました。熱心な女の子たちも、大勢いましたよ。ＢＤＭの制服で通学している子もいました。私は絶対、そんなことはしませんでしたけどね」

バートシュトゥープナーさんの話からは、女子同盟に入団するかどうかが、その一家が国家にとって害があるかないかを見極める「踏み絵」のような役割を果たしていた側面がうかがえる。入団を拒む家庭は、ナチ党が進める「民族共同体建設」に批判的な者、「ドイツ国家の敵」と見なされた。

母方の大伯母（祖父の姉）二人がヒトラーの熱烈なファンだったという、ローゼマリー・ベンダー＝ラスムスさんもまた、父親からＢＤＭに参加するように諭された。それは、父親がナチ党のシンパだったからではなく、逆に、ヒトラーに批判的な「社会民主党員」だったからだった。学校の教師をしていた父親は、ヒトラーが首相に就任するとほどなく、社会民主党員であることを理由に解雇され、以来、仕事を転々としながら、ひっそり暮らしていた。

「父は私に『ＢＤＭに参加してくれないか』と言いました。そして弟はヒトラー・ユーゲントに入らされました。入会し、活発に参加するよう、父に強く勧められました。目立たないようにするためです。目立つのだけは、絶対避けなければなりませんでした。

『ラスムス家の子どもたちは、組織に参加しているから大丈夫』となれば、収容所に連行される心配もなく、生活の安全が保障されるわけです。

格別に夢中になったわけではないですが、もちろん楽しい時もありました。歌ったり、ダンスしたりすると、気が紛れましたからね。父は安心していましたよ。警戒を抱かれない間は、誰からも煩わされることがありませんでしたから。心おきなく、趣味の切手収集に没頭したり、庭いじりに汗を流したりできました」

一九一九年生まれ、父親の名前が「つまずき石」に刻まれている、ヴィルヘルム・ジーモンゾーンさんは、港町・ハンブルクならではの「ヒトラー・ユーゲント」に参加していた。ハンブルクに滞在し取材を続けていたある日、自宅でのインタビューの合間、ヴィルヘルムさんは僕たちをエルベ川まで案内してくれた。川といっても河口に近いため、川幅も一キロ以上はあろうかという雄大さである。

「普段は風が強くて波も高いけれど、今日は珍しく穏やかだ」というヴィルヘルムさんの

ラスムスさん一家。前列中央がローゼマリーさん

説明を聞きながら、一緒に川岸を歩いていく。戦前は、アルゼンチンから運んできた輸入牛肉を貯蔵していた大きな倉庫の脇を過ぎ、船着き場にたどり着くと、ヴィルヘルムさんは懐かしそうにこう語り出した。

「ここに私たちのカッター（短艇）がつながれていました。『海のヒトラー・ユーゲント』の船です。天気が良い時には、オールを使って船着き場から漕ぎ出し、沖に出ると帆を立てて船を走らせました。カッターはドイツ海軍から贈られた二本マストの木造船で、漕ぐか風を受けて走るかで、エンジンはありませんでした」

「海のヒトラー・ユーゲント」というのは、陸上でゲレンデシュピールなど歩兵的な活動をする通常の少年団とは違い、水上で活動するユーゲントだ。他のユーゲントの制服が茶色の半袖・半ズボンだったのに対し、「海のユーゲント」ではセーラー服を着て水兵帽をかぶっており、軍人養成組織としての目的を、よりはっきりと感じることができる。ナチ党は、「海のヒトラー・ユーゲント」以外にも、グライダーなどを使って活動する「空のヒトラー・ユーゲント」も組織していて、水兵や航空兵の卵の養成に乗り出していた。

ヴィルヘルムさんは、ヒトラーが政権を握る前から、船乗りだった父親のつてでエルベ川河口で活動するヨットスクールに所属し、一四歳で「小型船舶免許」を取得して八人乗りの船を自在に乗り回すなど、「海を愛する少年」に育っていた。ヴィルヘルムさんをはじめ三〇人ほどの少年が所属するヨットスクールは、一九三五年、ある一夜を境に、ヒトラー・ユーゲントに吸収され、団員たちは強制的にそのまま入隊させられた。
　だが、活動自体は従来のヨットスクールと大して変わらず、一六歳になっていたヴィルヘルムさんは、仲間と共に充実した日々を送っていた。国家主義者だった父・レオポルトさんも、生き生きと船遊びする息子の姿に目を細めていたという。

「私たちは、このエルベ川のことを知り尽くしていました。どこに灯台があるか、どこが水路か、島はどこかなど、水先案内人ができるほど知り尽くしていましたね。初恋も経験しました。ヨットスクールの校長の娘さんです。美しいだけでなく、船を自由自在に操る男勝りな人でもありました。

エルベ川の河畔。「海のヒトラー・ユーゲント」のカッターが並んでいた

すべてが、すばらしい思い出です」

そんなある日、ヴィルヘルムさんに大きな転機が訪れる。帆船を使い、洋上で作業をしているさなか、仲間うちでちょっとした諍《いさか》いが起きた際、その「事件」は起きた。

「突然私は、仲間のひとりから『このユダヤ野郎』と罵《ののし》られたのです。『ユダヤ野郎』なんていう言葉で呼ばれるのは、初めてのことでした。『共産主義者』と呼ばれるのと同様にひどい。国家の敵ナンバーワンはユダヤ人と共産主義者でしたから。

衝撃を受けた私は、夜、父のもとに行き、『パパ、仲間にユダヤ野郎と罵られた。あり得ない』と訴えました。すると父は、こう答えました。『息子よ、お前はユダヤ人でもないし、野郎でもない』。だが同時に父は、こう付け加えました。『ルター教会のアンデルセン牧師に会いに行きなさい。お前と話をしてくれるだろう』と。

その教会は、自宅から歩いて三〇分ほどのところにあり、私もかつて合唱隊の一員だったので牧師を知っていましたが、わざわざその牧師に会いに行けとは奇妙なことでした。居心地の悪い気持ちで出かけました。『何をしでかしたのだろう、何と言われるのか

「海のヒトラー・ユーゲント」時代、水兵服姿のヴィルヘルムさん

……？』」

恐る恐る訪ねてきたヴィルヘルム少年を、アンデルセン牧師は、温かく迎え入れた。恐らくレオポルトさんから連絡が入っていたのだろう。そして、ヴィルヘルムさんを落ち着かせた後、彼の出生の秘密を打ち明けた。

彼と、両親のレオポルトさんとベルタさんは、血のつながった親子ではないこと。

彼は、生まれて間もなく実の両親に捨てられ、教会に引き取られたこと。

そんな彼を、子どものないレオポルトさん夫婦が養子として引き取ったこと。

そして、大事なことをもうひとつ。父親のレオポルトさんが、ユダヤ人であること。

「私には、まったく理解できませんでした。父がユダヤ人だということも、受け入れら

ヴィルヘルムさんの育ての親であるレオポルトさんとベルタさん

れませんでした。教会から家まで戻るのに半日かかりました。そのことから、私の気持ちを推察してください。牧師の言葉は、私の心に重くのしかかり、深い衝撃を与えました。愛情深いお前の両親は、お前と血のつながった人間ではなかったのだと。

ようやく家に着き、玄関を入ると、居間に父と母が並んで座り、不安に満ちた目でこちらを見つめていました。自分たちの口から伝えられなかったのは、私がどのような反応をするか予想できなかったためでしょう。私の反応は、まったく感情的なものでした。体が崩れ落ちました。崩れ落ち、そして泣きながら、私は両親を抱きしめました。一九三五年のことです。私の運命の年でした」

それにしてもなぜ、ユダヤ人に対する憎悪が、ジーモンゾーンさんの周りで突然噴き出したのか。そこには、一九三五年九月一五日にヒトラーが行ったひとつの演説が関係していた。それは、ニュルンベルクで党大会が行われている期間中のことだった。ヒトラーは、前述のマウエルスハーゲンさんら全国から集められた少年少女の前で「国のために命を捧げよ」と呼びかけた翌日、ニュルンベルク市内の「産業文化ホール」と呼ばれる会議場に緊急召集された国会で、議員たちを前にこのような演説を行った。

「議員諸君、ドイツ帝国議会の諸君！ドイツ帝国政府の名において、私はゲーリング党同志に今日のドイツ帝国議会の会議をニュルンベルクに召集するよう依頼した。この地が選ばれたのは、ここは国民社会主義運動により、諸君と本日審議される法案と、内面で結びついているからである。この時を選んだのは、議員の大多数が党同志としてニュルンベルクにいるためである。

（略）

ドイツ民族は、歴史上これまでにない統一と規律への道のりを見いだした。運動の強固な姿は、現在の政権の力の表れでもある。ドイツ国民が何百年望んでも得られなかったものが、形を得た。兄弟が団結した民族、過去の互いの偏見と妨害からの解放である」

そして、ソヴィエトを中心とする共産主義の脅威に警鐘を鳴らし、その背後には、ユダヤ人たちが暗躍しているという得意の「陰謀論」を述べた後、このように語りかけている。

「この国際的に不穏な状況が、残念ながらドイツに住むユダヤ人の中に、ドイツの国家的利益にユダヤ人として対抗する時が来た、という見解を引き起こしたようである。ドイツ国内の無数の地域から、ユダヤ人による扇動的な行動が頻繁に伝えられており、訴えの内容が奇妙に一致することから、彼らの行動に一定の計画性があるものとの苦情が寄せられている。こうした行動は先鋭化し、ベルリンの映画館では、ユダヤ人のグループが無害な外国映画に対し『侮辱された』とデモ行動を起こすに至っている。これに対して、国民が決然と対処せず、個々に怒りに包まれた防衛反応を見せるしかない今、この問題を法的に規制する以外の道はない。

ドイツ帝国政府は、一度限りの世俗的解決をすれば、ドイツ民族はユダヤ民族に対し耐えられる関係を見いだせるものと考える。（略）ここで帝国議会に対し、ゲーリング党同志が読み上げる法律の可決を提案したい。（略）この法案すべての背後には国民社会主義党（ナチ党）が存在し、それとともに、かつその背後にドイツ国民が存在している。諸君、この法案の可決を要請する！」

ヒトラーは、首相に就任する前の一九三〇年、恐慌下で苦しむドイツで政権を奪うため、公の演説でユダヤ人への攻撃を控えるようになっていたが、この演説は、一旦は封印したヘイトスピーチを、再び解き放つものだった。

この時の国会は、「ニュルンベルク法」と現在では総称される特殊な法案を制定するため開かれたものだった。それは「帝国市民法」と「ドイツ人の血と名誉を守るための法」「帝国旗法」の三つの法案からなる。

「帝国市民法」は、「ドイツ人あるいはこれと同種の血統のドイツ国籍所有者」からなる「帝国市民」だけが、選挙権や公務就任権など政治的な権利を持つことができると定めたものだ。「ドイツ人の血と名誉を守るための法」は、「帝国市民」とユダヤ人との婚姻などを禁止したもので、最後の「帝国旗法」は、ナチ党のシンボルであるハーケンクロイツをドイツ国旗とする、というものだった。

そしてこれらの法律を施行するにあたり、「ユダヤ人」というものの定義も作られた。ユダヤ人とは、本来は「ユダヤ教を信じる人」のことを意味する言葉で、明確に何らかの人種的な特徴を持つわけではなかったが、ナチ党はユダヤ人を次のように詳細に区分けし、定義づけようとした。

●四人の祖父母のうち三人以上がユダヤ教の共同体に所属
⬇
「完全ユダヤ人」

●四人の祖父母のうち二人がユダヤ教の共同体に所属
・本人もユダヤ人と結婚している者 ⬇ **「完全ユダヤ人」**
・ユダヤ教の共同体に所属 ⬇ **「完全ユダヤ人」（本人がユダヤ教徒でなくても）**
・いずれにも該当しない者 ⬇ **「第一級混血」（ドイツ人）**

●四人の祖父母のうち一人がユダヤ教の共同体に所属
⬇
「第二級混血」（ドイツ人）

●今後ドイツ人とユダヤ人の間に生まれた子
⬇
「完全ユダヤ人」（本人がユダヤ教徒でなくても）

レオポルトさんの場合を見てみると、本人はユダヤ教徒ではなく、キリスト教に改宗し毎週末教会で祈りを捧げていたものの、祖父母の全員がユダヤ教徒であったため、「完全ユダヤ人」であるとされた。法律制定から二年後の一九三七年にドイツ内務省が行った調査によると、「完全ユダヤ人」のうち、レオポルトさんのようなユダヤ教徒でない者は三〇万人、一方でユダヤ教徒は四七万五〇〇〇人いたという。

ヒトラーはそれまで、「ユダヤ人」という漠とした集団を攻撃していたが、これ以降は、明確に定義づけられた人びとに迫害の手を伸ばしていくことになる。そのための最初の布石が、「ニュルンベルク法」の制定だった。

人種的偏見に満ちたこの法案を、なぜ、ドイツ国民は黙認してしまったのか。ドイツ現代史研究所の副所長で、長年ヒトラーの研究をしてきたマグヌス・ブレヒトケン教授は、その背景には、政権獲得後二年間をかけて、ヒトラーが「ドイツ民族共同体の指導者」としての地位を築き上げてきたことが大きく関係している、と語ってくれた。

「政権を握った一九三三年以降、ヒトラーの演説はそれまでとは違う、新しいコミュニケーション形態をとります。指導者として、全国民を相手に語り始めたのです。首相として、総統として、ドイツ民族共同体の代表者としてです。ヨーゼフ・ゲッベルス率いる宣伝省は、ヒトラーをカリスマ的人物としてドイツ国民に意識させ、民族共同体の代表者として浸透させることに成功しました。彼は常に、総統として、政治指導者として模範的に演説しており、これは、彼がニュルンベルクの党大会で演説する際の社会的位置づけにもなっています。こうしたレトリックの中で、聴衆は自分が新しい民族共同体の一員であることを認識します。演説でのもったいぶった、儀式ばった様子が、このレトリックの本質です。総統が先頭に立って演説し、民族共同体が歓喜をもって彼に付き従い、政治的に支持している、という構図です。

　こうした中でヒトラーは、ユダヤ人の迫害については、一九三五年の時点でも暗示するに留めています。つまりドイツ社会の均質性に言及し、これを称えることによって、自動的に他者を疎外しました。具体的に迫害に言及することなくです。だが、このレトリックに注意深く耳を傾けた者であれば誰でも、暴力なくしてこれが実行不可能であることに気づくはずです。当時は、数十万ものドイツ系ユダヤ人が、ドイツ社会に同化して暮らし、さまざまな職種に就いていました。もし彼らを排斥《はいせき》するのであれば、当然ながら暴力を振るわざるを得ません。そうして民族的な均質社会の規格から外れた者ないしは敵とみなした者、つまりユダヤ人たちの排斥を徐々に進めていったのです」

　ユダヤ人を迫害しろという暗示的なヒトラーの言葉を真っ先に実行に移し、その片棒を担いだ者の中には、ヒトラーが政権を握る前からその言葉に従い、一九三三年以降「わが世の春」を迎えた、古参のナチ党員たちが多くいた。ベルリン中心部の高級住宅街に当時から暮らすエーディト・バートシュトゥープナーさんは、こうしたナチ党員らがユダヤ人に牙をむいていく様子を目撃していた。

「近所のアパートメントに古いナチが住んでいました。彼は党が合法化される前からの党員だったようです。野蛮な人で、警戒が必要でした。第一次世界大戦でひどい負傷をし、上腿部から下を切断していたので歩くのも大変でしたが、ひどい人でした。

彼のアパートメントの一階には、ハンガリー系ユダヤ人男性とドイツ人女性の夫婦が住んでいたのですが、近くを通るたびに、『ここはユダヤ人臭いな』と叫んでいました」

ドイツ国内におけるユダヤ人への迫害は、商売を営むユダヤ人へのボイコット運動として表面化していった。ユダヤ人は小売店の店主から弁護士、開業医などさまざまな職種の担い手としてドイツ社会に深く根を下ろしていたからだ。だが、良識あるドイツ人の中には、そうしたボイコット運動に眉をひそめる者もいた。当時ベルリンの中心部に住んでいて、ヒトラーの首相就任の日の晩に両親とたいまつ行進を見物したエーファ・ティムさんは、母親ケーテさんの見せた勇気ある行動について、このように語っている。

「私たち一家は、ユダヤ人の歯科医のもとに通っていました。とても腕の良いお医者さんでしたから。でもいつもガラガラでした。普通のドイツ人、ヒトラーの言い方では『アーリア人』は行きませんでした。ユダヤ人だけが通っていましたが、私たちにとっては、大切なかかりつけ医でした。

母は時に、分別がないほどに勇敢でした。ブランデンブルク門の南西、ティアーガルテンを抜けた先のヴィッテンベルク広場に『エルナ・アードラー』というカフェがありました。今でも名前を覚えているなんて、よほど印象に残っているのですね。母は午後そこに行って、コーヒーを飲むのが好きでした。『エルナ・アードラーに行くわよ。一番おいしいプラムケーキがあるから』と言って、出かけていくのです。エルナ・アードラーがユダヤ人経営ということは、よく知られていました。しかし母は『歩道に面した窓際に座って。私たちのようなドイツ人も通っていることを、皆が見ればいいの』と言うのです。ね、まるで分別がないでしょう」

だが、ケーテさんのような見識と勇敢さを

エーファ・ティムさんの小学校時代の同級生たち。後ろから2列目の右から5人目がティムさん（太い丸印）。他の細い丸印がユダヤ人（1936年4月）

持ち合わせる人は、いつの世も少数派なのかもしれない。血のつながっていない父がユダヤ人であることを告げられたヴィルヘルム・ジーモンゾーンさんの一家が営む石炭店は、ドイツ人からのボイコットにあい、一九三五年のうちに倒産した。それは、仲間から「ユダヤ野郎」と呼ばれ失意のうちにあった一六歳のヴィルヘルム少年を、さらに打ちのめすものだった。

「私はヒトラー・ユーゲントを退会しましたが、それだけでは済みませんでした。学費を払えないためそれまでの学校には通えず、家賃も払えないためアルトナ地区の小さな家に移り住みました。浴槽はなく、シャワーとトイレだけの、質素な家でした。何もかもが、それまでとは違いました。この頃私は、周囲に対して心を閉ざしていました。世界一孤独な人間でした」

Q．その時、ヒトラーに対する怒りは湧きましたか？

「どの段階でヒトラーへの怒りが湧いたか覚えていませんが、当時、父と共に、その考えを打ち消しました。『総統がご存知なら、決して許しはしないはずだ』などと思い込んでいました。現在では私たちはすべてを知っていますが、当時は、そうではなかったのです」

第3章

「平和」の名のもとに

だって彼はユダヤ人だから

かつてヴィルヘルム・ジーモンゾーンさん一家が暮らし、今は父レオポルトさんの「つまずき石」が残されているハンブルク郊外のアルトナ地区から、エルベ川をはさんだ対岸、ハールブルク地区の一角には、金色に光るブロック「つまずき石」が五つ並んでいる。そのひとつには、このように刻まれている。

かつてここに、アルフレート・シュロスが住んでいた。
一八九〇年生まれ。
一九四一年に連行され、ミンスクで殺された。

この五つのつまずき石は、かつてここに暮らし、一九四一年一一月八日に姿を消したユ

シュロス一家のつまずき石

ダヤ人のシュロス一家を悼むためのものだ。

妻フェオドーレさん（一八九〇年一〇月三〇日生まれ・連行時五一歳）
長男ヴェルナーさん（一九二一年四月二五日生まれ・同二〇歳）
長女エーディトさん（一九二五年五月一二日生まれ・同一六歳）
フェオドーレさんの母ミナ・マイヤーさん（一八六四年一〇月二九日生まれ・同七七歳）

彼らは他のユダヤ人たちと共に、現在のベラルーシ共和国のミンスクに向けハンブルク駅を出発する汽車に乗せられ、二度とこの街に戻らなかった。

このシュロス一家のことを鮮明に覚えている人物が、現在もハンブルクに暮らしている。一九三一年生まれのクラウス・ギュンターさんだ。僕たちを少年のような笑顔で迎えてくれたギュンターさんの脳裏《のうり》にシュロス一家の記憶が焼き付いているのは、罪の意識、つまり、自分がシュロス一家迫害の片棒を担いだという後悔があるからだった。

「私たちは、一家のすぐ近所に暮らしていました。シュロスさんの家には地下室があり、その窓は格子で塞がれていました。私はまだ子どもで、友達とよく路上で遊んでいましたが、ある時、友達のひとりがこう言いました。『この家には近づくなよ！』『どうして?』『知らないのか?ユダヤ人が住んでいるんだよ』。その頃の風刺画に、『ユダヤ人がお前たちを捕らえる。そして、お前たちを殺す』といった内容のプロパガンダがありました。『いやだ、ヘンゼルとグレーテルのようにはなりたくない、絶対に気をつけるぞ』と思いました。

その瞬間からその小さな家が、気味の悪い存在になりました。窓という窓に緑色の木製のよろい戸があり、夜だけでなく昼も閉じられたままなのも、異様に思えました。あんなに身を潜めるなんて、どんな悪いことをしたのだろう?と。ある時は、夜に、ユダヤ教の司祭がやってきました。裾の長い祭服を着て、不思議な帽子を頭に載せていました。彼が来ると、扉が内側から少し開けられ、明かりがちょっとだけ漏れます。聖職者を中に入れ、また扉が閉まります。私の眼には、彼らの行動すべてが不気味に映りました」

少年時代のクラウス・ギュンターさん

家にこもって迫害の嵐が過ぎるのを待とうとし、そうした中でもユダヤの神への信仰心を持ち続けた彼らの生き方が、かえって周囲のドイツ人の中に疑念を生み出していく。そんな悪循環が起きていたことが、ギュンターさんの言葉からは分かる。そして、シュロスさん一家がミンスクへと連行される直前、今でも彼を罪の意識にさいなませる出来事が起こる。

「あれは一九四一年のことでした。ある日の夕方、アルフレートさんが帰宅してきました。まだ辺りが明るかったのを覚えています。彼はカバンで胸のところにつけた『黄色い星』を隠していました。この頃、ドイツ国内のユダヤ人は、常に黄色い『ダビデの星』を身に着けるよう命じられていたのです。

私は自分のことを、よくしつけられた良い子だと思っていました。大人は敬意の対象であり、大人に対し、失礼で図々しいふるまいをしたことは一度もありませんでした。でもこの時、私の中に『この人にはそれを守らなくてよい』という考えが湧き上がってきました。だって彼はユダヤ人だから。ユダヤ人は規則に違反する、邪悪な存在だ。そこで私は道の反対にいる彼に向かって、勇気を振り絞って叫びました。『イーチッヒ、イーチッヒ、ユダヤの豚！』と。イーチッヒというのはユダヤ人に対する侮蔑語です。そう私は叫んだのです。

このことは、両親にも一度も話したことはありません。今でも恥じています。一生恥じ続けることでしょう……」

（注）ユダヤ人にダビデの星をつけさせる制度は、一九四〇年、ドイツ占領下のポーランドで始まったが、一九四一年九月には、ドイツ国内のユダヤ人にも拡大された。

ギュンター少年を、このような行動に駆り立てたものとは、いったい何だったのか。そこには、父の存在が大きく影響していると彼は語る。体が小さく病気がちで、小学校にも一年遅れの七歳で入学したギュンターさんは、スポーツも苦手で要領が悪く、周りの子どもたちに対してコンプレックスを抱いていたという。そんなギュンターさんにとって父のハインリヒさんは、高圧的で日常的に暴力を振るう恐ろしい存在で、父に認められたいのに認められないという葛藤の中で、少年時代を過ごしていた。その父にとって、唯一無二、絶対的な存在が、ヒトラーだった。ハインリヒさんは、一九〇一年に生まれ、一九一八年に一七歳で軍隊に志願したものの、間もなく第一次世界大戦は終わり、戦場に立つことはできなかった。戦後は右翼政党「国家人民党」の武装組織の一員となり、やがて、ナチ党の台頭とともにヒトラーの熱烈な支持者となり、一九三三年二月にはナチ党の武装組織である突撃隊に入隊した。

そんなハインリヒさんが深く関わり、ドイツ国内に住むユダヤ人の命運を決定づける事件が、一九三八年一一月九日から数日にわたってドイツ全土で発生する。この事件をきっかけにドイツでは、一九三五年のニュルンベルク法の制定以降、「差別」や「ボイコット」という形を取るにとどまっていたユダヤ人への迫害が、「暴力」という形で一気に噴き出すことになる。奇しくもそれは、シュロス一家がミンスクへと連行される三年前のことだった。いわゆる、「水晶の夜」である。

それぞれの「水晶の夜」

事の発端は、暴動発生の二日前にあたる一一月七日、フランス・パリにあるドイツ大使館の書記官が、ポーランド系ユダヤ人の青年、ヘルシェル・グリュンシュパンの銃撃を受け、死亡したことにあった。この頃ドイツでは、ナチ党の指示を受けたドイツ警察が、ポーランド系ユダヤ人を母国に強制的に送還しようと、一万五〇〇〇人近い人びとを東部のポーランド国境へと追い立てていた。当時、ドイツに劣らずユダヤ人に差別的な政策を取っていたポーランド政府が、ドイツ在住のポーランド系ユダヤ人から旅券を取り上げ、ドイツに置き去りにする政令を発したため、ナチ党は速やかに彼らをドイツ国内から追い出さねばならないと考えたのである。だが、ドイツ側のこのような対応に対し、ポーランド側は国境を封鎖して受け入れを拒否したため、人びとは当てもなくさまよい、窮地に陥った。グリュンシュパン青年の両親もまた、そうしたユダヤ人のひとりだった。彼はこの不当な仕打ちを世界に知らしめるため、ドイツ外交官へのテロを実行に移したと考えられている。

これに対する報復として、一一月九日夜、ベルリンをはじめドイツ全土の街で同時発生的に反ユダヤ暴動が始まる。ユダヤ人商店のショーウィンドウは叩き割られ、商品は略奪され、ユダヤ教会「シナゴーグ」には火が放たれた。暴行を受け、殺された者も数十人にのぼった。割れたガラスが光の反射でキラキラと輝いていたことから「水晶の夜」と名付けられたこの暴動の黒幕が誰なのか、今でも真相は闇の中だが、宣伝大臣のゲッベルス、および、ナチ党の忠実なしもべである突撃隊が中心になっていたことは間違いないと言われる。

ギュンターさんの暮らすハンブルク市ハールブルク地区では、一一月一〇日の夜、暴動の波に乗り遅れることを危惧したハールブルクのナチ党管区長の命令で、ユダヤ人への襲撃が始まった。その先頭に立っていたひとりが、突撃隊員の父ハインリヒさんだった。

「その日学校から帰ると、何か異様な雰囲気が漂っていました。大人が二人三人揃《そろ》い、ささやき合っているのです。それは夜に始まりました。私はまだ七歳半でした。一一月の日暮れは早く、『お前は寝ていなさい』と父に言われベッドに入りましたが、すぐに目が覚めました。両親のところに行き『眠れないよ』と言ったら、『そうか。少しだけなら窓から外を見てもいいよ』といつになく優しく言われました。

間もなく、父に迎えが来ました。突撃隊の特別任務の招集です。『すぐ行きます』と父は答え、母は父に『気を付けて！』と声をかけました。父は茶色の制服を着て、集合場所に向かいました。しばらく窓から外を見ていると、左の方向から突撃隊の一団が行進してきました。先頭を歩くのが、父でした。高らかに党旗を掲げていました。旗はいつも一番身長の高い者が持ちます。父は一七二センチと当時としては普通でしたが、この日集まった中では一番だったのでしょう。先頭に立つ父を見て、私は誇らしい気持ちになりました。

ひとつだけ奇妙に感じたのは、この日はいつものような賑やかな軍歌がなかったことでした。完全に無言でした。燃え盛るたいまつを持ち、その光が家々の窓に反射していました。何歩か進むたびに、太鼓の音が『ドン、ドン』と鳴りました。この光景は一生忘れません。何とも魅惑的でした。

わが家は三二番地で、一五番地にシナゴーグがありました。石を投げれば、届く距離です。突撃隊が目指したのは、そのシナゴーグでした。建物に放火しようとしたのです。誰かが、『待て！隣がガソリンスタンドだぞ！』と叫びました。ガソリンスタンドが爆発すると恐れたんですね。彼らとしては火を放ったという事実が必要だったのでしょう、建物に火をつける真似だけしていました。その後、建物の中に侵入し、

ハインリヒ・ギュンターさんの突撃隊身分証。1933年2月突撃隊に入隊。1937年5月にナチ党員となる。党員番号は398万7272番

あらゆる物を破壊し、窓から次々と投げ捨てました。祈禱書《きとうしょ》、祭礼用の品、何でもです。窓は粉々にされ、ドアも壊されました。シナゴーグ内の破壊行為は、私服の突撃隊員たちがやりました」

この時、ハールブルク地区では、突撃隊員以外にも、ヒトラー・ユーゲントの少年たちが街に繰り出し、暴動に加わったことが分かっている。ギュンターさんの家の真向かいには赤レンガの大きな学校があり、現在でもその建物は残っているのだが、その裏手の空が真っ赤に染まっていくのを、ギュンターさんは窓から目撃している。ヒトラー・ユーゲントの少年たちがユダヤ人の霊柩車を建物の裏手の広場に引っ張り出し、火をつけたのが原因だと彼が知ったのは、戦後のことだった。

一九時頃に始まった自宅付近の騒動は、二二時頃まで続いたという。本来は暴動を取り締まるべき警官たちも、野次馬が入らないように立っているだけで、略奪に対して見て見ぬふりだった。

「やがて父が戻ってきました。私はまだ起きていて、何が起きたのか父に尋ねました。父はすごく興奮していましたが、私が理解できるように、いろいろ教えてくれました。外では、『お祝いだ、お祝いだ！』と警官が叫んでいました。これが当時の多くのドイツ人の心情でした。

次の日、私はひとり、ハールブルクの街を歩きました。ユダヤ人商店では、ショーウィンドウが破壊されていました。事件の二日前、祖母と帽子を買いに行った店のガラスも割られていました。私はその時まで、オーナーがユダヤ人だとは知りませんでした。店員の女性が、泣きながら掃除していたのを覚えています。

私は考えました。一度同級生がサッカーボールで窓ガラスを割ってしまったことがあり、大騒ぎになった。でも今度は、ハールブルクの街中で、大人たちが窓ガラスを破壊している……。なんという矛盾なのか」

Q. それほどの状況を目のあたりにして、ナチ党あるいはヒトラーに対して疑いを抱きませんでしたか?

「まったく抱きませんでした。ヒトラーはドイツを再び強い国にしてくれる救世主だと、皆が信じていました。父親もそう考えていたし、学校でもそう叩き込まれていたので、他に考えようがありませんでした。私にとっては、今でいう『ポップスター』のような、アイドル的な存在でした。

そして同時に、ユダヤ人が我々の不幸の原因だということも、叩き込まれていました。疑いをはさんだり批判したりする余地は、私にはありませんでした」

ナチ党を熱烈に支持する人たちの中には、「水晶の夜」の暴動を、ギュンターさんとはまた違う言葉で振り返る人もいた。幼い頃、ナチ党支持者の両親に「ハーケンクロイツ模様のランタン」を作ってもらったヴォルフガング・ブロックマンさんは、この時、ドイツ北部の港町リューベックから首都のベルリンに移り住んでいた。

暴動が起きた時、ブロックマンさんは一一歳。前年からヒトラー・ユーゲントの少年団「ピンプフ」に加わり、ゲレンデシュピールや行進、ハイキングなど、熱心に活動していた。ブロックマンさんはその少年団で、ユダヤ人に対する差別意識を強く植え付けられていた。

「少年団で教えられた歌に、ユダヤ人を蔑《さげす》み糾弾するものがありました。私は教えられるままに、『ユダヤ人の首を吊るせ。悪玉どもを撃ち殺せ』と歌っていました。それがいったい何を意味するのか、まったく想像もせずに、単に歌として歌ったのです。ユダヤ人の金持ちたちが意のままに富を操っている、ドイツ国民の富を吸い尽くす悪の首謀者がどこかにいる、ということを徹底的に叩き込まれました。

ただし、私の中で、特定のユダヤ人を思い描いていたわけではありません。ユダヤ人の知り合いはひとりもいませんでしたし、ひとりひとりのユダヤ人に対しては、何の恨みもありませんでした。自宅近くの公園には、ユダヤ人の象徴である『ダビデの星』の描かれたベンチがあり、ユダヤ人はそこにだけ座ることを許されていましたが、身近なところで言えば、その程度のことでした」

そして迎えた一一月九日の夜、勤めに出ていたブロックマンさんの兄が、家に慌てて駆けこんできた。一家が住む地域にある、ヘルマン広場という商店街が大騒ぎになっているという。好奇心に駆られたブロックマンさんが急いで行ってみたところ、広場の一角に人だかりができ、騒然とした雰囲気に包まれていた。

「人の群れをかき分けて一番前までたどり着くと、そこには毛皮屋がありました。大きな毛皮屋でした。立派な毛皮が店先に吊ってあります。すでに店名に落書きがされており、それを読んでユダヤ人の店だと分かり、すべてを理解しました。群衆はわめき、叫んでいました。誰かが『いい加減、やっちまえ!』と叫ぶと、石が巨大な

ヴォルフガング・ブロックマンさん(丸印)。ヒトラー・ユーゲントの仲間たちと

ショーウィンドウに投げ込まれました。その奥に、絶望した表情のユダヤ人オーナーが見えました。割れた窓から群衆が突入し、毛皮を外に投げ捨て始めました。私は大きな衝撃を受けて家に戻りました。父の反応は、静かなものでした。『暴徒が動き始めたらもう誰にも止められない』とだけ語りました。その口調から、こんなやり方には納得していないことが伝わりました」

Q．ブロックマンさん自身は、どう感じましたか？

「暴徒は毛皮屋だけでなく、靴屋や展示場や倉庫を次々と荒らしていました。何のために、このようなことをするのか……。私たちは、受け入れることはできませんでした。あれは何か……正気に返る体験でした。私たちの世界観には適しないことでした。少なくとも、私たちの世界観には」

自分たちはユダヤ人への暴力行為には反対だった、とブロックマンさんは語る。だが、それがその時の彼の心情を正確に表していると真に受けるのは、少々ためらわれた。戦後七五年近くが経ち、当時の彼の気持ちの一部分が誇張された言葉であるように感じられたからだ。同じインタビューの中で、彼はユダヤ人について次のようにも述べていた。

「ある時、歩道を歩いていると、反対方向からユダヤ人が歩いてきました。ユダヤ人はドイツ人が来たらよけて車道に降りるべきとされていましたが、私の出会ったユダヤ人は一度もそうしませんでした。ドイツ人があれほどの行為に至ったのは、ユダヤ人の側にも原因があったはずです」

暴力行為を目撃して感じた嫌悪感と、それまで叩き込まれてきたユダヤ人への嫌悪感、その双方が「水晶の夜」の当時からブロックマンさんの中に共存していたとしても、心の中に占めていた比重は、後者の方が大きかったのではないかと思われた。そして試しに、こう尋ねてみた。「水晶の夜以降、ヒトラーを信じる気持ちに何か変化は起きましたか?」。するると、彼は即座に、こう答えた。

「ありません。私たちにとってヒトラーは、まさに過ちのない『神』でした。それが我らの総統でした。ドイツを混乱から救い、強いドイツを作り上げ、名誉を取り戻しました。『総統が命じ、我々は従う』。迷うことはありませんでした」

一九二〇年代、まだヒトラーが首相の座に就く前、ナチ党がいくら「反ユダヤ」を唱えても、ドイツ国民の大部分には、その言葉が響くことはなかった。だが今や状況は一変していた。今回の暴動は、ヒトラーの「演説」によって引き起こされたものではなかった。

ドイツ人外交官が襲撃されてから暴動が始まるまでの二日間、ヒトラーはユダヤ人への憎しみを煽り、報復を呼びかけるような言葉を、国民に語りかけていない。暴動の黒幕のひとりとされる宣伝大臣のゲッベルスもまた、国民を扇動する言葉を公には発していない。だが、突撃隊が中心となり組織的に起こした暴動を、警察や消防は制止することなく傍観し、国民の一部は熱烈に後押しし、仮に嫌悪感を抱いたとしても、その勢いに抗うことはしなかった。

ヒトラーの唱えてきた「反ユダヤ」が、ちょっとしたきっかけで「暴動」に発展し、膨れ上がっていく。いつしか、そんな仕組みが社会の中にできあがっていた。ヒトラーの言葉は、目に見えない形でドイツという国を蝕み始めていたのである。

そんな時代を、ヒトラーに批判的だった人びとは、どのように生き抜いていったのだろうか。ベルリンで暮らしていた当時一二歳のヘルガ・ヴェルデンさんは、「水晶の夜」の直後、中学校の校長から呼び出しを受けたという。彼女の両親はもともと社会民主党の支持者で、ナチ政権が誕生して社会民主党が非合法化されて以来、一家はひっそりと暮らしていた。そんなヴェルデンさん一家のことをよく知る同じアパートメントの住民が、彼女を密告したのだった。

「私が暮らすアパートメントの二階にはユダヤ人家族が住んでいました。私より一歳下の娘がいて、名前はルートと言いました。長く近所付き合いをしていて、よく一緒に遊びました。一九三八年の暴動の後、私はたまたまアパートメントの階段でルートに出会いました。ルートは階段を下り、私は上っているところでした。彼女に『大丈夫?元気?』と尋ねたところ、彼女は肩をすくめて、どうすべきか分からない様子でした。ユダヤ人がこの先どうなるか、私にも分かりませんでしたから、彼女に『元気でね』と小声で話しました。『これからも元気でね』と。そこで別れました。

　中学校の校長室に呼ばれたのは、翌日のことでした。『座りなさい。アパートメントの階段でユダヤ人の女の子と、不純な行為をしていたそうじゃないか』と校長は言うのです。『何ですって?私が?私が何をしたというのですか?』。考えもしなかっ

ヘルガ・ヴェルデンさんと父。自宅にて（1941年）

たことでした。同じアパートメントの子であること、階段で出会って話しただけであることを伝えました。すると校長先生は、こう言いました。『助言しよう。今後は接触しない方がいい』と」

ドイツ西部、オランダとの国境に近い地方都市ミュールハイムで生まれ育ったホルスト・ヘックマンさんは、一〇歳の時に暴動を目撃し、大きな衝撃を受けた。暴動は、ベルリンやハンブルクなどの大都市だけでなく、ドイツ中の町や村に及んでいた。ヘックマンさんは、暴動の現場となったミュールハイムの中心部を案内しながら、当時の思いを語ってくれた。

「かつてこの広場の角に、シナゴーグがありました。堂々とした重厚な建物で、大き

ミュールハイム中心部。中央の大きな建物が立つ角地にシナゴーグがあった

な丸窓がありました。子ども心に、『中はどうなっているのか、忍び込めないものだろうか』と感じるような、神秘的な建物でした。一一月一〇日の朝、路面電車に乗っていると、シナゴーグの方向からモクモクと煙が上がっているのが見えました。好奇心に駆られて行ってみると、シナゴーグから炎が上がっていました。驚きました。消防署員はシナゴーグではなく隣の銀行にホースを向けているのです。何が起きているのか、理解できませんでした。たくさん人がいて、話をしていましたが、皆、何もしようとしないのが奇妙でした。

突然悲鳴が上がり、『ユダヤ人は出て行け』『ユダヤ人の無法者め』という怒声が聞こえました。そこにはたくさんの突撃隊員がいて、デパートの大きな窓を叩き割り、商品を路上にぶちまけていました。付近の

在りし日のミュールハイムのシナゴーグ。「水晶の夜」で全焼した

© Cramers Kunstanstalt Dortmund

住宅では、髪を掴まれた女性が路上に引きずり出され、上層階の窓からは家財道具が放り投げられ、すごい音を立てて地面に落ちました。

恐怖でした。まったく理解不能でした。私たちには理解できないことが起きているのだと。学校の先生は、ドイツ大使館員の殺害は、ユダヤ人に対する我慢の限界を超える最後の一撃となったと言うばかりでした。非国民、犯罪者、怠け者の賤民という言葉を使っていたのを覚えています。両親も、この暴力行為がどういうことなのか、ちゃんと説明してくれませんでした」

ヘックマンさんの両親は敬虔なプロテスタントで、ヒトラーが首相になってからもナチ党とは常に一線を画した考えを持っていたという。「水晶の夜」が起きる一〇か月前、ヘックマンさんは一〇歳となり、かねて心待ちにしていた日を迎えていた。ヒトラー・ユーゲントの少年団「ピンプフ」への参加が認められたのである。入団する少年たちには、茶色の制服とともに、刀の部分に「血と名誉」と刻まれたナイフが与えられることになっており、ヘックマンさんも楽しみにしていたそうだが、母はそれを受け取ることを決して許さなかったという。第一次世界大戦に兵士として参加し、復員後は繊維・裁縫用具店を営んでいた父もまた、ナチスの掲げる反ユダヤ政策などどこ吹く風で、ユダヤ人の業者に好意的に接していた。安価で品質の良い商品を納めてくれる誠実な隣人としての彼らを、よく知っていたからだった。ヘックマンさんが七歳になった一九三五年にニュルンベルク法が制定され、彼が通う小学校では、宗教の授業で校長みずから、『キリストを十字架にかけたユダヤ人は、醜く、不誠実で誤った人びとです。両親にユダヤ人商店で買い物しないように勧めなさい』と教えていたというが、父はその時もまともに取り合わなかった。そしてヘックマンさん自身、幼い頃から自分を可愛がってくれ、車に乗せてくれたりプレゼントをくれたりしたユダヤ人に対し、「愛情深く親切」という印象を持っていた。

だが、すべては一九三八年一一月を境に大きく変わった。両親は、「水晶の夜」に大きな衝撃を受けたようだった。父はナチ党の集会に参加するようになり、ナチ党の出版物を購読するようにもなった。取引相手のユダヤ人が店を訪ねてくるのは、夕方遅く、暗くなってからの時間帯になり、やがて、店に出入りしなくなった。ナチ党に対して口を閉ざした両親を見てヘックマンさんが選んだのは、「あの日見たことに、無関心になる」という道だった。

パパが連行されなければいいけど

生まれて間もなく教会に預けられ、ユダヤ人の父親と非ユダヤ人の母親に育てられたヴィルヘルム・ジーモンゾーンさんの一家にも、迫害の火の粉《こ》が降りかかっていた。「暴動の時、お父さんは大丈夫だったのですか?」と尋ねた僕らに対し、ジーモンゾーンさんは一枚の手紙を見せてくれた。それは、「水晶の夜」の直後、父レオポルトさんが、母べルタさんに宛てたものだった。差出人住所は、「ザクセンハウゼン強制収容所・ブロック一九」。一九三三年、ベルリンの郊外にナチ党が造った収容所である。差出人の欄には、「八三六七」という囚人番号が書き込まれていた。

（手紙より）

「愛するカティへ
はじめに、私の消息を君に伝えます。
そして、君が元気でいることを願っています。
私の健康状態については、心配しないでください。

もし息子が私のことをまだ知らないならば、
軍隊での生活に支障が出ないよう、知らせずにいてください。
そして彼に、私からよろしくとのこと、自分の目標を見失わないよう、
そして今まで生きてきた自分に常に誠実であるようにと伝えてください。

君が元気を出し健康でいられるよう、敬愛する神に毎日祈っています。
では、心からの挨拶とともに。

君の愛する夫より」

（注）当時はまだ強制収容所の囚人にも月に二通まで手紙の送付が許されており、一枚一四行以内、最大四枚などの条件で、外部との通信が可能だった。

「水晶の夜」の暴動から一夜明けた一一月一〇日、ナチ党はユダヤ人の検挙を全国で一斉に開始し、強制収容所に送り始めた。三万人にのぼるドイツ系ユダヤ人が拘束され、ダッハウ、ブーヘンヴァルト、ザクセンハウゼンなどドイツ各地の強制収容所へと送られた。その中に、レオポルトさんも含まれていたのである。レオポルトさんは、「水晶の夜」のさなか、何か罪を犯したわけではなかった。そもそもレオポルトさんは、筋金入りの国家主義者だった。この検挙が、素行や思想信条などと関わりのない、ユダヤ人を無差別に標的とするものだったことを、よく表している。

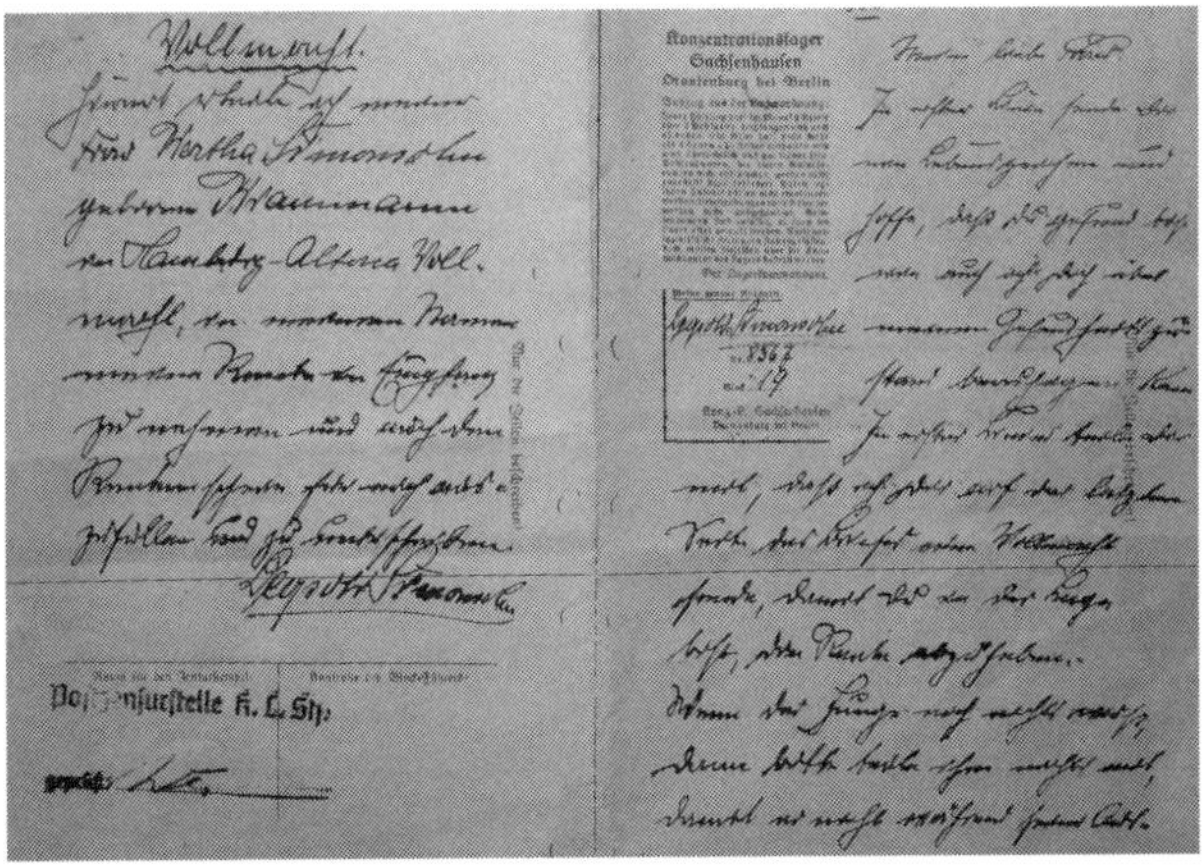

父レオポルトさんが強制収容所から母親に宛てた手紙

「暴動が起きる前から、母はいつも『パパが連行されなければいいけど』と不安を口にしていました。それに対して父は、『彼らは私の信条を知っているから大丈夫だ』と最後まで言っていました。国家主義的であることが、ユダヤ人であるという事実よりも重要視されると、愚直に信じていたのです」

父が自宅から連行された時、ヴィルヘルムさんは不在だった。九月に一九歳の誕生日を迎えたヴィルヘルムさんは徴兵され、暴動が起きた一一月から、ドイツ空軍の一兵士として、ハンブルクから北に一〇〇キロほど離れたシュレースヴィヒにある基地で軍務に服していたのだ。レオポルトさんは自分が逮捕されたことを知らせてほしくないと手紙に書いていたが、すでに連行直後に母ベルタさんがヴィルヘルムさんの部隊に電報を打ち、父の身の上を伝えていた。入隊して間がなく、敬礼の作法すら身に付いていないまったくの新兵だったヴィルヘルムさんだが、「急病になった母の世話のため」と嘘をつき、三日間の特別休暇を申請して自宅へと戻ってきた。そして、ハンブルク一帯を管轄するナチ党の組織「大管区」に行き、その高官に、「ユダヤ人であることを理由にザクセンハウゼンに収容された父は、ドイツにとって有用な人物であり、第一次世界大戦でも、勇敢に戦ったこと」を綴った嘆願書を手渡した。

ヴィルヘルムさんは三日間の休暇が終わると軍務に戻り、間もなく、父が自宅に戻ってきたという便りを母から受け取った。ヴィルヘルムさんが父に会うことができたのは、年末、クリスマス休暇で再び自宅に戻った時のことだった。

「父は、まったくの別人になっていました。元はユーモアに溢れ、冗談好きで、ポジティブな考えの国家主義者でした。本当に、ポジティブな人でした。それがすっかり萎縮し、髪は刈られ、自慢のカイザーひげも剃られていました。髪がないためか顔もひどくむくんで見えました。何よりも、精神的に崩壊していました。彼は何も言葉を発しようとしませんでした。強制収容所での様子を聞いても、答えてくれません。不当な扱いに対して、批判の言葉もありません。すっかり内向的になっていました。批判的なことを言ったらまた逮捕するとでも警告されたのでしょうが、それだけでなく、彼にとってひとつの世界が崩壊してしまったのでしょう」

父親のレオポルトさんはその後も、自宅に引きこもって社会との交わりを一切絶ち、廃人のように生き続けた、とヴィルヘルムさんは言う。彼の知る限り、その後、父が家を出ることは一度もなかった。捨て子だった自分を育て上げてくれた父を「壊した」残忍な国家に対し、ヴィルヘルムさんは反感を覚え、幻滅したのではないか。そんな答えを予想して、僕はこう質問した。「この事件は、ヴィルヘルムさんのナチ党に対する見方に何か影響を与えましたか」。だが、彼は「特に変化はありませんでした」とだけ答え、話題をそらすかのように関係ないことを話し続けた。そんなやりとりが続いたため、僕はもう少し踏み込んで尋ねることにした。「お父さんが不当な扱いを受けてもナチ党に対して疑いを抱かなかったというのが、どうしても理解できないのですが」。すると、ヴィルヘルムさんは、深いため息をつきながら、こう答えてくれた。

「父に対する扱いが理由で、私が早くからナチズムに敵対的になったという答えを期待されているようですが、それを私は認めることができません。父が連行されたという事実を、私は、何か間違いがあったのだと解釈しました。実際父は四週間で戻ってきました。これで間違いが解消されたと私は思い込みました。私が出した嘆願書が功を奏したのだという思い込みです。私はその時もナチズムに対して、何の疑いも何の敵愾心も抱きませんでした」

僕はこの言葉を聞いて、ヴィルヘルムさんという人の誠実さに改めて気づかされた。彼の言葉からは、なぜその時自分はナチズムに疑いの目を向けなかったのかという真摯な後悔の念が伝わってきた。僕は自分の質問が、彼にとっては酷なものであることを理解したうえで聞いたのだが、ヴィルヘルムさんはみずからの経験から何らかの教訓を学んでほしいと、言葉を絞り出してくれたのだと僕は感じた。

「水晶の夜」の直後に逮捕されたユダヤ人たちは、その多くが、短期間のうちに解放されている。一か月で家に戻ってきたレオポルトさんは、決して例外的な扱いを受けたわけではなく、ヴィルヘルムさんが大管区に提出したという嘆願書も、大きな意味を持たなかった可能性が高い。自分に都合の良いように事態を解釈してしまった当時のヴィルヘルムさんは、ナチズムというものの本性に気づく絶好の機会があったにもかかわらず、それを生かすことができなかった。それはいったい、なぜなのか。さらにインタビューを重ねていくと、「水晶の夜」が起きる二か月前、一九三八年九月にヴィルヘルムさんが経験した、特別な体験が深く関係していることが分かってきた。

一九三五年、ニュルンベルク法の制定後に激化したユダヤ人商店ボイコット運動により、家業の石炭店が廃業に追い込まれたジーモンゾーンさん一家は、それまで住んでいたアルトナ地区の家を引き払い、ひっそりと暮らしていた。転校した先の中学を卒業後、電気機械の製造会社に実習生として雇われたヴィルヘルムさんは、旋盤工として週に二、三回、夜一〇時から翌朝六時までの夜勤のシフトで働くようになり、失業した父に代わり家計を支えるようになる。夜勤の手当は、一週間で一二・五マルク、現在の価格に換算するとおよそ五〇〇〇円ほどだったそうだが、一家はそのわずかな金で細々と暮らしていくしかなかった。

やがて一八歳となったヴィルヘルムさんは、一九三八年四月、「国家労働奉仕団」の一員として召集を受ける。労働奉仕団とはナチ党が創設した青年団で、ヒトラー・ユーゲントを卒団した若者たちを強制的に参加させ、半年間、ドイツ各地で肉体労働を行わせるための組織だった。ヴィルヘルムさんたち三個小隊一二〇人が送られたのは、ハンブルクから南西に一五〇キロほど離れた「エムスランド」。寂寥《せきりょう》とした荒野が続くこの一帯は泥炭の産地で、ヴィルヘルムさんたちは一日わずか二五ペニヒという安い賃金で、スコップで泥炭を掘り出す重労働に就かされた。一週間働いても一・五マルクほどにしかならず、手元に残る金もほとんどなく、両親に仕送りする余裕もなかったという。

（注）一〇〇ペニヒ＝一マルク

「大ドイツ」の一部になる

そんなある日、労働奉仕団の中でも身長の高い者だけが特別に集められ、現場監督の前に整列させられた。身長一八〇センチの偉丈夫《いじょうぶ》に成長していたヴィルヘルムさんも、その中にいた。そしてひとりひとり、スコップを握ったまま足を高々と上げて行進するよう命令され、終わると左右ふたつの集団に分けられた。左に並んだヴィルヘルムさんたちを前に、担当者はこう告げた。「今年九月にニュルンベルクで行われる全国党大会に、労働奉仕団の代表として参加する」。長身、金髪、碧眼のヴィルヘルムさんは、皮肉にも、ヒトラーが標榜する「理想的なアーリア人」として選《え》りすぐられたのである。

選抜された若者たちは列車を乗り継ぎ、ニュルンベルクへと向かった。党大会の参加者を乗せた列車は、その道中から特別だった。駅に停車するたびに歓迎を受け、車窓からソーセージなどの食べ物を振る舞われ、ヴィルヘルムさんは久しぶりの満腹感を味わったという。「党大会に参加できるのが名誉という気持ち以上に、日々の苦しい労働から解放されることが純粋に嬉しかった」とヴィルヘルムさんは語る。

ニュルンベルク駅に降り立った彼らは、「帝国党大会の街」の熱狂に迎えられる。駅の北側には、一〇〇〇年の歴史を持つニュルンベルク城を中心に旧市街が広がっているが、建物という建物から赤地に黒のハーケンクロイツの旗が吊り下げられ、街をナチ色に染めていた。党大会のために全国から集められた労働奉仕団員は、およそ二万人いた。彼らは、一二人収容の円形テントに「カマンベールチーズのように丸く並んで」寝泊まりしながら、連日、党大会のメイン会場である「ツェッペリン広場」でリハーサルに明け暮れた。

そして迎えた九月七日、労働奉仕団のシンボルである「鋤《すき》」を手に、ヴィルヘルムさんらは広場でヒトラーを前にマスゲームを披露し、演説を聞き、行進をした。

「あの日、ツェッペリン広場には、二万人の労働奉仕団員が、鋤を手に立っていました。スピーカーからは『気をつけ!担え鋤!注意!捧げ鋤!』という号令が響きます。〝捧げ鋤〟というのは、〝捧げ銃《つつ》〟の握りで、銃の代わりに鋤を持ちます。兵隊にとっての銃が、私たちにとっての鋤でした。音楽の演奏が加わり、『気をつけ!』『担え鋤!』。

太陽の光を浴びながら二万人がピカピカに光る鋤をリズミカルに回す姿は、壮観だったでしょう。我々の鋤は磨き上げられていて、その気になれば、ヒゲも剃れたはずです」

ヴィルヘルムさんが参加した、まさにこの一九三八年のニュルンベルクの党大会で、整列する労働奉仕団に向かって演説するヒトラーの映像が残されている。現在、音声として残されているのは、冒頭の「労働奉仕団の諸君！」という呼びかけと、演説後、熱狂に包まれるスタジアムの様子だけなのだが、その時に行った演説の内容は、ナチ党が詳細に残した演説記録から知ることができる。

「労働奉仕団の諸君！諸君にこの場所で挨拶を述べるのは（一九三四年以来）五度目となる。またわが故郷の奉仕団員諸君を迎え入れるのは初めてだ。諸君は単なる象徴ではなく、実際に新たなドイツ民族共同体の大いなる前線に召集されたのである。

諸君は、我らが国民社会主義のシンボルである『鋤』を象徴とする共同体である。諸君はドイツ国内で、この共同体を拡大し、精神的に深めるために闘うのだ。また諸君は、帝国とその独立の防衛のために闘う。諸君の鋤は今やドイツの東西南北で帝国の確保と維持のために存在しているのだ。諸君はまた、故郷の大地で健やかに力と強さを保つ新たなる種を育てる一助ともなる。諸君は、我々が未来のために望むところの、みずから血となり肉となったこのドイツ人種の適齢期の象徴である。日焼けし鍛錬された、今日のドイツ民族の若者なのだ！

私は諸君を誇りに思う。ドイツ全体が諸君を愛している。諸君は鋤を担うだけでなく、さらには我らが帝国の民族を担っているのだ。諸君のなかに、我らが知る崇高なモットーが映しだされている。『人よ、みずからを助けよ。されば神が君を助けるのだ！』

私は諸君の創造と作業に感謝する！また労働奉仕団指導者たちに、この大いなる成果に感謝する！帝国の総統および首相として、この様子を目にして大変幸福を感じる。諸君に吹き込まれた魂に触れ、このような若者を有するわが民族に触れ、幸福である！諸君に幸あれ！」

ヒトラーの言う「わが故郷の奉仕団員諸君」というのは、この年の三月、ドイツに

ツェッペリン広場を埋め尽くす労働奉仕団。この中にヴィルヘルムさんもいた。奥の丸印が演台

© Bundesarchiv／Transit film

よって併合された、彼の生まれ故郷オーストリアからの参加者のことを指している。ヒトラーは、同じ言葉を話すオーストリアをドイツに組み込もうという「大ドイツ主義」を、駆け出しの政治家だった頃から唱え続けており、ついにその野望を実現させたのだが、併合からわずか半年で、若者たちを「帝国の先兵」へと改造する組織が、旧オーストリア領内にも作り上げられていた。ちなみにこの年の党大会のスローガンとしてナチ党が掲げた言葉が、まさに、「大ドイツ」であった。

この日、ヴィルヘルムさんが立っていた場所は、スピーカーの調子が悪かったためか音が反響し、ヒトラーの言葉を正確に聞き取ることはできなかったという。だが、それにもかかわらず、ヴィルヘルムさんは、演説するヒトラーの声が生み出す会場の熱気、そして不思議な一体感のようなものに魅了されていたという。

「ヒトラーが演説することで、数万の人間が巧妙に作り上げた党大会の最後の一ピースがはまり、シナリオを完成させました。この時、彼が率いる国が、ユダヤ人である父を冷遇し、私たち一家にみじめな思いを強いているという事実は、私の脳裏から消え去っていました。

翌日私たちは、同じツェッペリン広場で、閲兵するヒトラーの前を行進しました。陸軍、海軍、空軍、労働奉仕団の順番でした。労働奉仕団が最も美しかった。私たちはバレエ団のように足を高く上げ、総統の演台前を行進したのです。

あの時経験したすべてのこと、あの熱気、あの群衆、広場の上空を飛ぶ航空機、すべてが鳥肌ものでした。音楽をご存知なら、ベートーヴェンの第九交響曲の第四楽章のようと言えばお分かりいただけるでしょうか。鳥肌が立ちます。一八歳の若者にとって、とにかくすばらしい経験でした。この世界のナンバーワンたる『大ドイツ』の一部になった。単純にそう思っていました」

だがこの時ヴィルヘルムさんが、みずからの運命、ひいてはみずからの属するドイツの運命を栄光へと導いてくれると期待したヒトラーは、己の野望へと、国民を駆り立てようとしていた。

一九三五年に「再軍備」を宣言して軍備拡張に乗り出していたヒトラーは、一九三八年九月一二日、党大会最終日に行われた演説で、

鋤を手にツェッペリン広場を行進する労働奉仕団（1938年9月）

© Bundesarchiv／Transit film

その武力を背景に、ドイツの東に位置していたチェコスロヴァキアに対し、「ズデーテン地方」の割譲を要求する。ドイツと国境を接し、ドイツ系住民が多く住むこの地域は、第一次世界大戦後のヴェルサイユ条約でチェコスロヴァキアに編入された歴史を持っていた。九月二六日に行われた演説で、「チェコスロヴァキアはこの要求を呑むか、我々がこの自由をみずから取りに行くかのいずれかだ」と強引な二者択一を迫ったヒトラーは、その四日後、これに反対するイギリス、フランス両首相とドイツ・ミュンヘンで会談を行い、「これが最後の領土要求である」という空約束で、ズデーテン地方の割譲を認めさせた。一時はドイツとの戦争を覚悟していたイギリス・フランス両首相だったが、最終的には、チェコスロヴァキアを犠牲にすることで、戦争を回避するという非情な決断を下した。だが結果的にそれは、ヒトラーを増長させるだけだったということは、その後の歴史が証明している通りである。

ミュンヘン会談から二か月後の一二月二日、ドイツ軍の進駐が完了したズデーテン地方にやってきたヒトラーは、現地のドイツ系住民やナチ党指導者を前に、一時間近い演説を行った。その時に録音された音声からは、ヒトラーに対する聴衆の熱狂が伝わってくる。

演説の中でヒトラーは、第一次世界大戦後のドイツが歩んだ苦難の道のりと、ナチズムがいかに劇的に国をひとつにまとめ奇跡的な復活へと導いたかを述べ、「真に強い国家を造るためには、国民すべてをひとつの概念で満たす『強い意志』を持つことが重要である。意志に満ち、国を支えてくれる者を、育てるのである」と語り、少数派の意見を尊重する旧来の議会政治を「ドイツ国民を救済する力のない空論」と口汚く罵った後、演説の終盤、ドイツの未来を担う自負を、こう語っている。

「期待を寄せられ、私は心乱れる。私はドイツの将来に、疑念を抱いている。いや、諸君はそのまま変わらずともよい。変わらぬままでよい。ただいつか諸君も、年をとるのだ。そこに少年が育つ。彼らを教育しなければならない。

少年たちを少年団で教育し、ドイツ的思考、ドイツ的行動を学ばせる。男児も女児も一〇歳で我々の組織に加入し、頭の芯まで新鮮な空気を得るだろう。さらに四年後、少年団からユーゲントに加入する。そこで四年間教育されたのち、一度は旧来の階級、身分、産みの親の手に戻すが、ただちに党、労働前線、突撃隊、親衛隊などに参加させ、

ミュンヘン会談に集まった各国の首相。左からイギリス、フランス、ドイツ、イタリア

© Bundesarchiv, Bild 183-R69173／Fotograf: o. Ang.

それでもなお国民社会主義者にならなければ、労働奉仕団にやり、ドイツ国家のシンボル、『鋤』のもと鍛錬を受けさせる。

（歓声）

そこで半年間鍛えてもなお、未だ階級意識や身分感覚に捉えられていれば　国防軍が引き受けて、教育する。

（喝采）

数年後に復員したら、退行させないよう、直ちに再度、突撃隊や親衛隊に送るのだ。彼らは一生自由になることはない。だが、彼らはそれで幸福なのである。植え付けられた偏見が消滅し、その父親のみが苦悩するのだ。彼らは外見から変わるだろう。国民社会主義は終末にあるのではない。ようやく緒についたばかりなのだ！」

そして、会場に響き渡る聴衆の喝采と、「ジークハイル（勝利万歳）！」の叫び声の中、ヒトラーはズデーテン地方の人びとにこう呼びかけ、演説を締めくくった。

「さあ諸君、この永遠の究極の土地に加わろう！大ドイツの誕生は、ドイツ国民の意志を基礎とする。この国民の全男性、全女性がそれを確認する。その上にドイツの青少年が続く。諸君もここに加わるのだ！」

このように、軍備を急激に拡大し、みずからの領土的野心を実現していく政策を、ヒトラーは国民にどのように納得させていったのだろうか。それを考えるヒントが、高田博行教授がヒトラーの演説を集計して作り上げた、一五〇万語に及ぶデータベースにあった。高田教授の分析によると、ヒトラーが第二次世界大戦に向けて突き進んでいく一九三〇年代後半、政権を取るまであまり用いられなかった言葉が、しきりに演説の中に現れてくるという。それは、ヒトラーがその後に行ったことを知る現代の僕たちからすると、およそ彼には似つかわしくないと感じる言葉、「平和」だった。

「平和」という言葉が演説の中で多く用いられるようになるのは、一九三五年、ヒトラーが「再軍備」を宣言し侵略戦争の準備を始めた年だった。五月二一日に国会で行われた演説では、「静寂と平和以外、私は何を望むことができるでしょうか」という言葉で軍事的野心を否定する一方、第一次世界大戦後のドイツは多くの領土を奪われ、「ドイツ国民は生存圏の狭さゆえに、食料と原料の欠如に苦しんでいる」と、ドイツが置かれている状況の不当性を訴えている。その後の演説で繰り返し用いられ、やがては第二次世界大戦の開戦を正当化する「生存圏」という言葉をヒトラーが演説で用いたのは、政権掌握後これが初めてだった。また、翌一九三六年の三月七日に国会で行われた演説では、ヒトラーは、ヴェルサイユ条約で軍隊を駐留させることを禁じられていたドイツ西部の「ラインラント」に軍を進めると宣言し、「ドイツ軍がまさに今、将来の平和のための駐屯を行いつつある」と演説のクライマックスで述べ、同時刻に行われていた「ラインラント進駐」を劇的に演出している。

一九三五年から三六年にかけてしきりに使われた「平和」という言葉は、三七年には一度下火になるものの、オーストリアおよびズデーテン地方の併合が行われた三八年以降、再び増えてくる。一九三九年一月三〇日、ヒトラーが首相に就任して満六年の節目の日に議会で行われ、全国にラジオ中継された演説にも、その兆候が顕著に見られる。一三分ほどの演説の中で、ヒトラーが「平和」という言葉を使ったのは、実に一五回にのぼる。第一次世界大戦後、ドイツがアメリカ、イギリス、フランスなどの戦勝国により国家としての尊厳を踏みにじられてきたと憤り、その背後で暗躍しているのが、これらの国で政治的、経済的に実権を握るユダヤ人だ、というお決まりの「陰謀史観」を述べながら、「平和」が語られる。

「ドイツはイギリス、アメリカ、フランスに憎悪など抱いておらず、むしろ平穏と平和を望んでいる。だが、これらの国々では、ユダヤ人や非ユダヤ人の扇動者にそそのかされ、わがドイツが戦争を引き起こそうと意図しているという非合理的な説明が行われている。したがってこれ以降、我々のプロパガンダと我らが報道において、敵の攻撃には常に反応し、わが国民に知らせねばならない。これら、あらゆる状況で戦争を引き起こさせようと狙う者たちのことを知らしめねばならない。

（略）

国民社会主義ドイツは他民族の敵となろうとはしておらず、我々ドイツに、他の民族を攻撃しようという意図があるという主張すべてが、個々の政治家の病的なヒステリーから、あるいは個人の自己保身から生まれた嘘であり、これらの嘘が特定の国家では不当に利得をむさぼる連中の財政を救済しているのだ。特に国際的なユダヤ民族は復讐欲と利潤欲を満たそうと願い、平和を愛するわが民族を苦しめる、けしからぬ誹謗《ひぼう》中傷を行っている」

さらに演説の中でヒトラーは、一九三〇年代以降、ソヴィエト共産党「ボリシェヴィキ」を中心に世界に勢力を伸ばしていた共産主義組織「コミンテルン」の脅威を訴え、一九三六年に防共協定を結んだ日本やイタリアと連携しながら共産主義の拡大に備えることの正当性を国民に主張しようと、「平和」という言葉を連呼していく。

「国民社会主義ドイツとファシスト・イタリアは、誰に対しても平和を保証し、無責任な勢力により軽率に開始された紛争を、強い決意で終結させるほどに強靱《きょうじん》だ。これが意味するのは、無責任な新聞雑誌が毎日書いているのとは違い、我々ドイツ人が戦争を望むのではなく、世界の安全保障を分かち合い、これらの権利を認めさせるべく我々は決意して望み、共通の利益を共同して代表することを理解しているだけなのだ。特に、脅迫される状況でも我々は引き下がることはない！日本に対する姿勢も、世界のボリシェヴィキ化の脅威に最大の決意を持ち統一を求める知見と決意により定められている。反コミンテルン協定（日独伊防共協定）は、最上の目標は、平和と世界文化への悪魔による脅威をかわすことであり、世界の国家をひとつに結晶化させる項目となる。

（略）

ユダヤ人による国際的な報道とプロパガンダの憎悪を阻止することに成功すれば、諸民族間の理解は非常に早く復元されると信じるものである。彼らのみが、しつこく戦争を願っている。しかし私は長い平和を信じている」

ヒトラーの真意が、「戦争」と「平和」のいずれにあるのか、ドイツ現代史研究所でヒトラーの研究をする、マグヌス・ブレヒトケン教授は、彼が演説で唱える「平和」は、当然、額面通りに受け取るべきではないと考えている。それはどうしてなのか。ブレヒトケン教授は、ヒトラーの真意は、政権掌握後に彼が行った経済政策から最も端的に読み取ることができると教えてくれた。

「当時の人びとは、首相就任後のヒトラーの政治は、成果を出していると思っていました。会社の経営者であれば、国からの受注が増え、売り上げが伸びていることを実感していました。労働者であれば、雇用が増えた、失業率が減少したと実感できました。農民であれば、民族イデオロギーの観点から地位の改善を実感できました。彼らが耕す土地はドイツ人の『血』である、とヒトラーは唱えたからです。つまり、ヒトラーは政権掌握後、自分のイデオロギーを実行に移し、自分が信頼に足る存在であることを証明したのです。

でも彼が信頼を勝ち取ることに成功した政治とは、結局のところ、戦争を準備するためのものでした。経済的合理性を顧みることなく大金をつぎ込み、借金をし、一九三九年にはその金額は巨額に膨れ上がり、かねて意図していたように戦争を起こすか、体制自体を崩壊させるしかありませんでしたが、もちろん、ヒトラーには体制を壊すつもりなどまったくありません。

一九三九年までに国民総生産の六〇％が軍事費にあてられました。それ自体は何の生産性もない戦車、航空機などの軍備にです。兵器が造られ、生産中は雇用も生み出したが、兵器自体は何も生み出しません。単に、大金がかかったモノがあるだけなのです。ひとつの案は、平和経済へ、製品製造への切り替えです。しかしそうすると、兵器にかけた金が無駄になりますし、そもそもヒトラーにはそのつもりはありませんでした。彼の目標は最初から、人種間闘争においてドイツの地位を確立させるため、軍備を整えることでしたから。そのため彼にとって、一九三九年に戦争に踏み切る以外、選択肢はありませんでした」

我らが総統ならやってくれる

一九三九年九月一日、午前四時四五分、ヒトラーの命を受けたドイツ軍がポーランドに侵攻を開始した。「領土的要求は、ズデーテンで最後」との約束は、いとも簡単に反故《ほご》にされ、ここに第二次世界大戦の火ぶたが切られた。

この日の午前一〇時に帝国議会で行われ、ドイツ中にラジオ中継された演説で、ヒトラーは、ポーランド軍が奇襲をしかけてきたものの、ドイツ軍が反撃に転じていると嘘をつき、「平和を願う自分の無限の忍耐や愛を、弱さや臆病と混同するな」とポーランドを恫喝《どうかつ》し、これからは爆弾には爆弾で、毒ガスには毒ガスで応酬すること、この戦いをドイツの安全と権利が保障されるまで続けること、ただしドイツ軍の攻撃は軍事目標に限定しており女性や子どもら非戦闘員に危害が及ぶ恐れはないことなどをまくし立てた。

結果的にナチスドイツを破滅に導くこととなったこの演説は、今回インタビューをした人びとの記憶に一番残っている演説のうちのひとつだった。そして、驚くほど多くの人が、ポーランド侵攻を好意的に受けとめていた。ドイツ西部の街ミュールハイムに暮らすホルスト・ヘックマンさんは、前年の暴動で焼け落ちるのを目撃したシナゴーグからわずかな距離にある市役所広場で、この演説を聞いていた。

「広場にある屋外スピーカーから、このような演説が流れてきました。『ポーランド軍の正規部隊がドイツ軍に対して発砲したため、朝の五時四五分から反撃している。爆弾には爆弾で報いる』と。

ドイツに対して攻撃が行われたと聞いて、憤りと怒りが湧きました。誰もがその放送を信じていて、普段ナチに対して懐疑的であった父までそうでした。第一次世界大戦の激戦地ヴェルダンで戦い、戦後は平和主義者となり、軍事力の行使に否定的であった父までも信じていたのです。私たちの周りでは、ポーランドは占領されて当然という雰囲気でした」

Q. ヒトラーの言葉に、疑問は抱かなかったですか?

「いいえ。むしろすばらしいことだと思いました。このミュールハイムにも砲兵隊の兵営があったのですが、部隊が兵営から駅に移動し、貨物車に乗り込みました。私たち少年にとっては、大いなる見せ物でした。熱狂しました。学校には東ヨーロッパの地図が張られ、ピンでドイツ軍の最前線が記されました。ここまでドイツ軍は到達したのだ!それは常に拡大しており、誇らしかった。ここまで進んだ、と皆、熱狂しました。とにかく私たちは、すべての進撃をすばらしいことと受けとめました。『我らが総統ならやってくれる』と」

第一次世界大戦後、それまでドイツとロシアが支配していた地域に建国されたポーランドには、ドイツ系住民が多数を占める町や村が数多く含まれていた。その代表ともいえる「ダンツィヒ」などのドイツへの返還を求めるヒトラーは、「返還」か「戦争」か、という二者択一を迫っていた。そして一九三九年八月二九日、翌日までにポーランドの全権大使がベルリンに来ることを求め、それが行われなかったことを口実に、ポーランド攻撃に踏み切った。

一九三五年のニュルンベルク党大会にヒトラー・ユーゲントの代表として出席し、この時一四歳になっていたクラウス・マウエルスハーゲンさんもまた、ヒトラーの開戦演説を聞き、ポーランドに対して強い敵愾心を抱いたひとりだった。

マウエルスハーゲンさんは今でも、戦争に至った責任は、交渉を途中で打ち切ったポーランド政府にあると、固く信じていた。

「ヒトラーは、交渉により状況の改善を図りました。攻撃に至るまでには、長いいきさつがあるのです。講演ができるほどです。ヒトラーは攻撃直前の八月三〇日まで話し合いを続けようとしました。だが最後、ポーランド大使は交渉の場に姿を現しませんでした。ヒトラーは、ポーランド側が二四時までに来て提案を行わない場合、残念ながら行動を起こさねばならないと言いました。行動を起こすとは攻撃することです。明白な事態でした。理解すべきことです。ポーランドとの戦争により、ポーランド国内のドイツ系住民が重圧から解放されたのです。これは言わねばならないことです。しかし現在では隠されてしまっています」

突撃隊員として「水晶の夜」に参加した父を誇りに思っていたクラウス・ギュンターさんもまた、ラジオから聞こえてくるこの演説を聴いていた。当時八歳だったギュンターさんの中に湧き上がったのは、怒りとは違う感情だった。

「九月一日の演説は、私にとって大きな心の負担となりました。『五時四五分から反撃を開始した。これより爆弾には爆弾をもって報復する。我々を毒ガスで攻撃する者は、毒ガスによって報復する』。演説の中のこの一節を聞いて、私は不安になったのです。

当時ハールブルク地区の広場に、三～四メートルほどの大きさの爆弾の模型が建てられていました。第一次世界大戦のさなかにこの町で行われた空襲の犠牲者を悼むための記念碑でした。そのため、爆弾というものをリアルに想像することができました。

また両親はよく、第一次世界大戦で、敵が毒ガスを使ったと話してくれましたが、この時わが家にも、すでにガスマスクがありました。

演説を聞いて、私は背筋が寒くなりました。しかし両親には何も尋ねられませんでした。弱虫と思われるのは嫌だったのです。男の子はそういう意味で、常に英雄になりたくて、英雄を演じるのです。怖気《おじけ》づくのは、禁物なのです」

Q．どういう思いでヒトラーの戦争を支持したのですか？

「ポーランドがドイツを攻撃したと聞いた時、ちょっとだけ、疑念が湧き起こりました。小さなポーランドが大ドイツを攻撃するものだろうか……。それが最初の疑念でした。ただすぐに、総統は最善の選択をしているはずだ、と思い直しました。

　間もなく特別ニュースが届き、ドイツ軍の前進に次ぐ前進を伝えてきました。あとは、突撃あるのみでした。私たち少年は、大ドイツの代表として総統が築いた千年帝国を後押しせねばならない、そうするのだと決意していきました」


前年の一一月に空軍に入隊し、一等兵として、敵情を分析する部隊に配属されていたヴィルヘルム・ジーモンゾーンさんは、開戦の前日、他の兵たちと共にポーランドへの侵攻計画を知らされ、作戦の成功と隊員たちの無事を祈るキリスト教のミサに参加した。ヴィルヘルムさんもまた、ポーランドに復讐する時が来たと思った程度で、疑問に思う気持ちは微塵《みじん》もなかったという。

　だが開戦から一か月後、ドイツ軍の攻撃により陥落したポーランドの首都ワルシャワに進駐したヴィルヘルムさんは、「攻撃目標は軍事施設だけ」と演説で語ったヒトラーの言葉が偽りであるという事実を、目のあたりにすることになる。

「目撃した、というより、においを嗅《か》ぎました。がれきの下に埋まった死体の、鼻をつくにおいをです。それは、その下にまだ掘り起こされない数千、数万の市民がいることを表しています。最も私の心を揺さぶったのはそれです。あの死体のにおいは、長い間、鼻から取れませんでした。その時、思いました。私は決して非戦闘員のいる住宅地には一発の爆弾も落とすまい、そんな任務には決してつくまいと。私はこのことを、戦争が終わるまで貫こうと固く決意しました」

ポーランドとの戦いはドイツの勝利に終わり、ワルシャワから帰還したヴィルヘルムさんは、この年の一二月、クリスマス休暇をもらい、ハンブルクの実家に帰った。父のレオポルトさんは、家に引きこもりきりの生活を続けており、一年前に比べ、著しく衰弱していた。そして、ヴィルヘルムさんが帰宅した直後の一九三九年一二月一〇日、レオポルトさんは波乱に満ちた生涯を、ついに閉じた。五六歳だった。

「その日も、隣の部屋で寝ている私のところまで、苦しそうにあえぐ父の呼吸が聞こえました。ぜんそく患者がするような、苦しい呼吸です。その呼吸が、夜中の二時半に突然静かになりました。静寂の中で騒音が突然始まると人は目が覚めますが、騒音が突然止まっても目が覚めるものだと私は初めて知りました。その時、父は死んだのです。

ただ父は、この時、自宅のベッドの上で死ぬことができて、幸せだったのかもしれません。そう考えることが、現在、私にとっての唯一の気休めです。その後、戦争を通じてユダヤ人が直面した過酷な運命を、父は免れることができたのですから……」

ポーランドの農婦とヴィルヘルム・ジーモンゾーンさん（1939年）

特別コラム

誘導する言葉を聞き分けよ

高田博行（言語学者・学習院大学教授）

大きなジェスチャーに大衆が熱狂する――このイメージは、ヒトラー演説のほんの一面しか捉えていません。演説の「力」の源を探るには、そもそも演説文がどのような言葉で表現されているのかを知る必要があります。また、視覚面ではジェスチャーのほかに視線の振り方も無視できないでしょう。さらに音声面、つまり声も大事な要素になっています。

そこで、ヒトラーの演説をいくつもの角度から分析してみましょう。マックス・プランク心理言語学研究所が開発したELANという動画解析ツールを使って、発話（文章）、修辞技法（レトリック）、声のビート（強い拍）とピッチ（高さ）、右手と左手によるジェスチャー、視線、そして聴衆の反応（拍手）という観点から分析します。一九三三年二月一〇日の五三分間の演説（本書二八‐三〇ページでも扱われています）から、演説開始後一七分半が過ぎた箇所（四五秒間）を例に見てみます。スクリーン画面①（一六八‐一六九ページ）は、ELANによるこの演説の分析の一画面を切り取ったものです。

この箇所でヒトラーは、ナチ党による政権掌握以前のワイマール共和国時代の「惨状」を告発し、以下のように語ります。

〈1〉そしてその時代に私たちは、ひとりひとりのドイツ人の生活がゆっくりとではあるが深く深く沈んでいく様子を目のあたりにした。〈2〉私たち国民はインフレを耐えねばならず、何百万人もの人が少額の蓄えさえ奪われた。〈3〉すべて、すべてを引き起こし、すべてを行い、すべての責任があるのが、一九一八年一一月の者たち［＝ワイマール共和国の指導者たちのこと］である。（このあと聴衆の拍手）

ヒトラーは、休止のための腕組みを解いたあと、右腕を突き出し人差し指を小刻みに揺らしながらも、〈1〉を比較的ゆっくりと語り始めます。声のピッチは二四〇ヘルツで、演説中のヒトラーとしては高くはありません。視線は初め下向きです。演説内容のキーワードが書かれた机の上のメモを見ているのです。「目のあたりに」というあたりからは、視線は上を向き、正面そして左へと振られます。「ゆっくりと」のところで、左手が動き始め、「深く沈む」ことを模写するように、左手は平手状態で下へ沈められていきます。演説中にそれまで左手は、腰当てやベルト触りという積極的な意味のない使われ方をしていたのですが、この箇所で初めて左手が効果的に使われます。「沈んでいく」というネガティブな内容を手で示すのに、利き手ではない左手を使っています。ずっと右手ばかりに仕事をさせていたところで、いったん聴衆の注目を弱いほうの左手に引きます。そうすると、そのあと右手の強さが復活しているように見えます。

〈2〉では、〈1〉と変わらないピッチですが、視線は右と正面の間を何度か動きます。

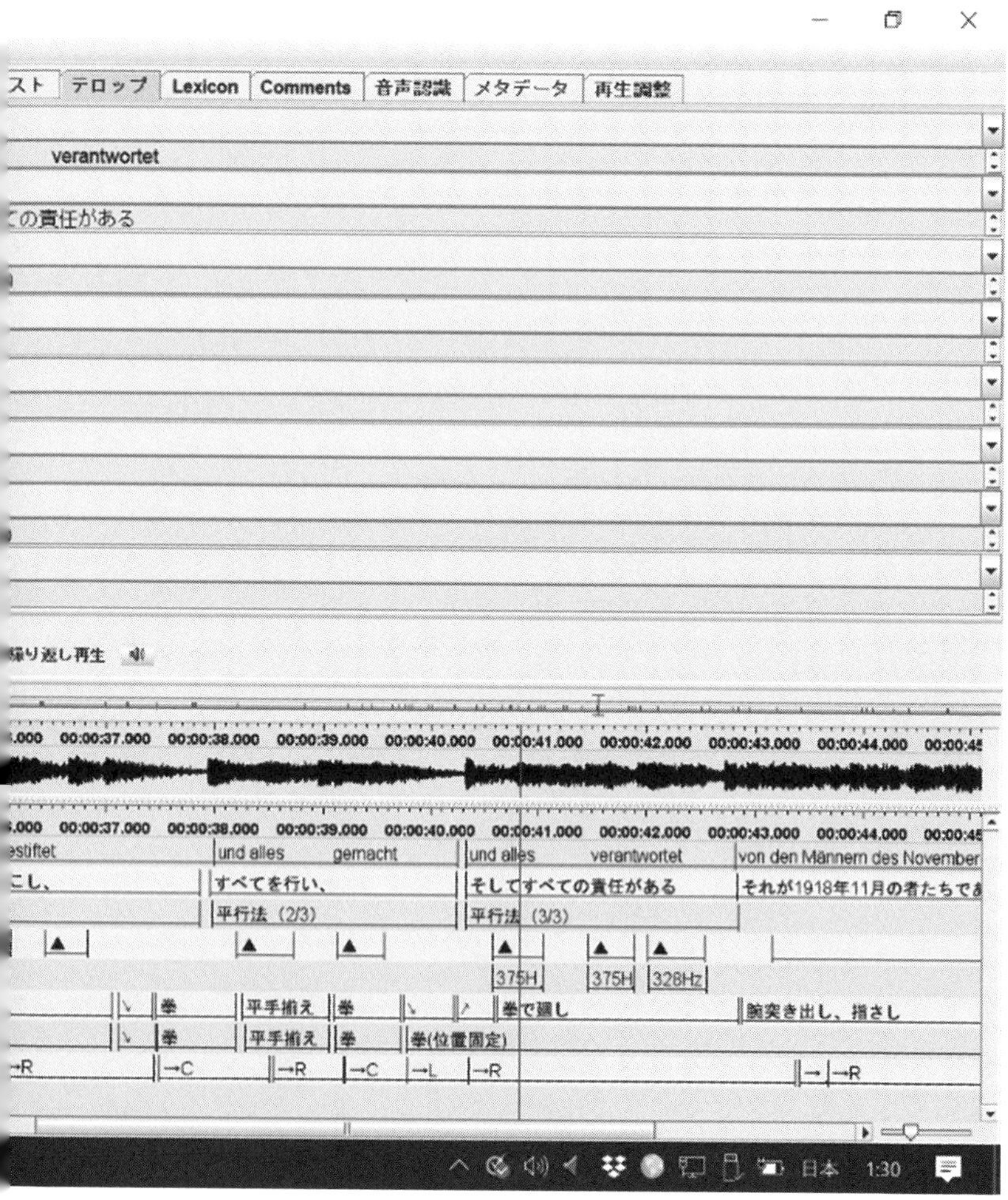
スト
テロップ
Lexicon
Comments
音声認識
メタデータ
再生調整
verantwortet
ての責任がある
繰り返し再生
00:00:37.000
00:00:38.000
00:00:39.000
00:00:40.000
00:00:41.000
00:00:42.000
00:00:43.000
00:00:44.000
und alles
gemacht
und alles
verantwortet
von den Männern des November
すべてを行い、
そしてすべての責任がある
それが1918年11月の者たちで
平行法（2/3）
平行法（3/3）
375H
375H
328Hz
拳
平手揃え
拳で廻し
腕突き出し、指さし
拳(位置固定)
→R
→C
→L
日本
1:30

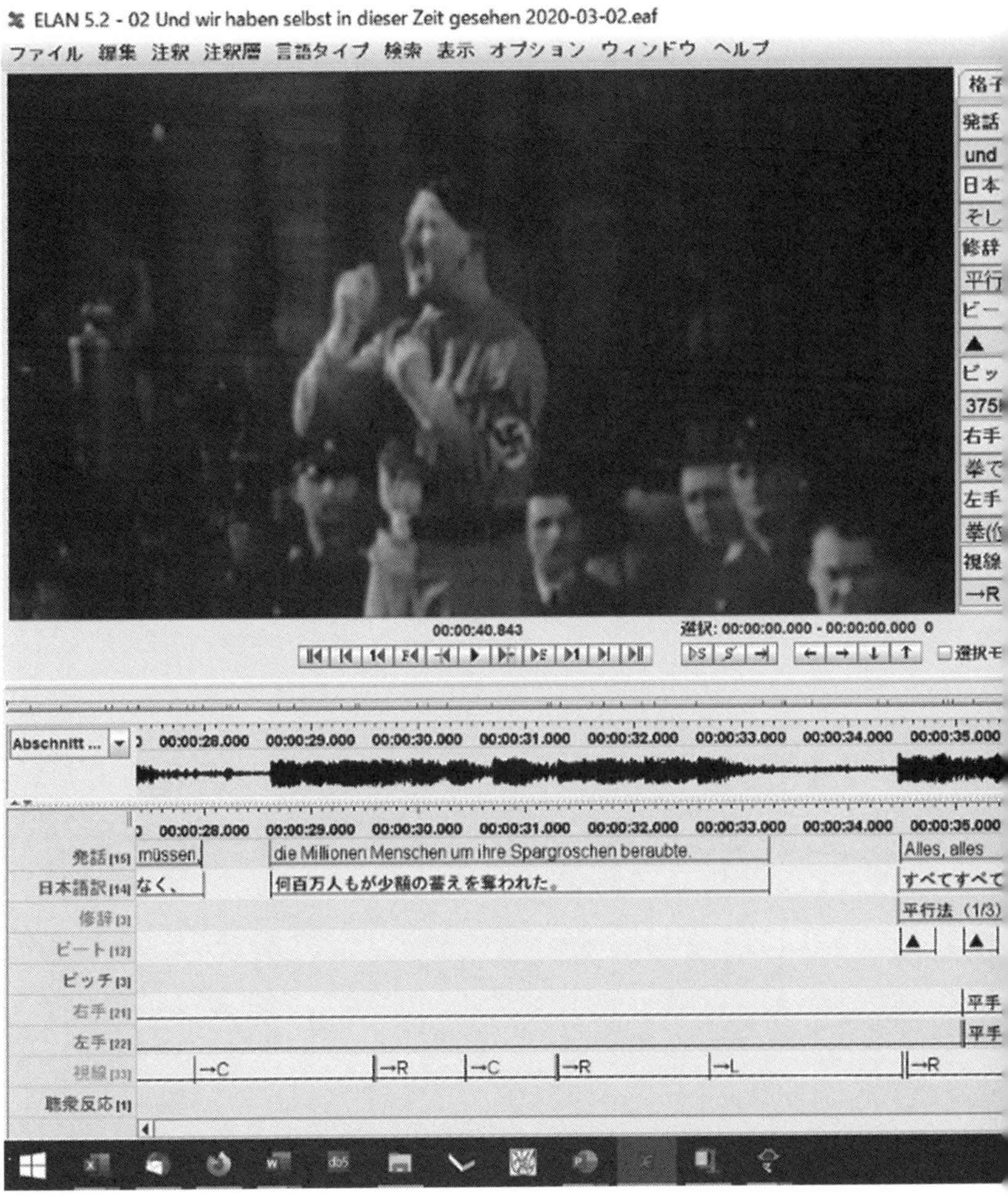
ELAN 5.2 - 02 Und wir haben selbst in dieser Zeit gesehen 2020-03-02.eaf
ファイル 編集 注釈 注釈層 言語タイプ 検索 表示 オプション ウィンドウ ヘルプ
00:00:40.843
選択: 00:00:00.000 - 00:00:00.000 0
Abschnitt ...
00:00:28.000 00:00:29.000 00:00:30.000 00:00:31.000 00:00:32.000 00:00:33.000 00:00:34.000 00:00:35.000
発話[15]
müssen.
die Millionen Menschen um ihre Spargroschen beraubte.
Alles, alles
日本語訳[14]
なく、
何百万人もが少額の蓄えを奪われた。
すべてすべて
修辞[3]
平行法（1/3）
ビート[12]
ピッチ[3]
右手[21]
左手[22]
視線[33]
→C
→R
→C
→R
→L
→R
聴衆反応[1]

スクリーン画面①

「何百万人」という言葉は、とくにゆっくりと発音されます。腕はずっと組んだままです。〈3〉になると、動きを止めたこの腕組みの静の状態から一転して、糾弾するクライマックスが訪れます。

このクライマックス部分では、修辞技法として「平行法」が用いられています。「すべて（alles）＋過去分詞」という構造がパラレルに三つ繰り返されます。同じ構造を三回耳に聞こえさせることで、その箇所に発話の力点があることを聴衆に気づかせます。力点がそこにあることは、修辞法以外の面でも表現されます。語り始めは二四〇ヘルツであったヒトラーの声のピッチは、この平行法の箇所で三八〇ヘルツにまで上がるとともに、「すべて」そして「引き起こし」「行い」「責任がある」という語に強いビートが刻まれます。ドイツ語のアクセントは、高低差で表す日本語とは違い、ドラムでドン、ドンと叩くような強弱アクセントです。つまりこの糾弾の箇所では、ピッチという高低差とビートという強弱差の両方でヒトラーの声にメリハリが与えられています。視線は、右、正面、左と広角に動きます。ジェスチャーの面でも、力強さが押し出されています。両方の手がなにかをくるむように平手にして揃えられたあと、両手が拳になります。三回目の平行法の箇所になると、左手は拳のままじっと錨のように固定され（スクリーン画面①はまさにその瞬間です）、動きは右手に任されます。右手の拳は強烈な勢いで回され、最後の「一九一八年一一月の者たちだ」という箇所では、探していた犯人はここにいるぞとばかり、右手人差し指が鋭く指さしをします。この犯人の糾弾が終わると、聴衆から拍手喝采が送られます。

こんなふうに、ほんの四五秒間の中で、修辞技法、声のビートとピッチ、右手と左手によるジェスチャー、そして視線の変化や追加が同時進行し、演説のパフォーマンスを高めているのです。

ただしこれは、パフォーマンスとしての演説に聴衆を動かす潜在力があるという意味です。演説の潜在力が顕在化するには、《ことがらの支え》と《聞き手の自由意志》がなければなりません。ことがらの支えというのは、恐慌でパニックになっているとか、外交的に大きな成功をおさめたというような前提条件があるときに、演説は実際に力を持つということを指します。聞き手の自由意志とは、聞き手が自らの意志で演説を聞くことを指します。一九三三年一月にナチ党が政権を掌握するまでは、聞き手は自由意志でヒトラーの演説を聞いていましたが、政権掌握後には演説を聞くことが国民の義務になりました。強制的に演説を聞かされ、望まなかった戦争が長期化し、海外のラジオ放送から真実が暴露されたとき、国民は演説内容の実体のなさに気づき、演説は機能停止しました。ヒトラーの演説に最も力があったのは一九三二年でしょう。これは政権掌握の前年で、選挙戦で勝ち進んだ年です。この年にヒトラーの演説が急にうまくなったということでは決してなく、国民が世界恐慌による失業問題でパニックになっていたということがらの支えがあり、また演説の聞き手のほうに聞く自由意志があったのです。

修辞技法について、大事な補足をして終わりたいと思います。修辞技法とは、伝えたい内容を入れる《カプセル》のようなものです。その中に毒薬が入っているのか、甘いものが入っているのかはわかりません。このカプセルは、中身（コンテンツ）を呑みやすくするための手段にすぎません。したがって、その中に毒が盛られていても、気づかずに呑み込んでしまうかもしれません。気づけるかどうか、私たちの判断力が大いに試されます。

ここまで見た四五秒間には、修辞技法として平行法しか出ていませんので、ヒトラーの演説によく用いられている技法をいくつか紹介します。「対比法」は、「AではなくてB」のように二つのことがらをコントラストして、一方を呑み込むように誘導します。多数ある可能性のうち、二つしか見せないのです。「最も〜な」「すべての」「とてつもない」といった「誇大語法」は、コンテンツを叩き込みます。「唯一の」は、危険な誇大語法です。多数ある可能性のうち一つしか見せません。対比法では二つボールを見せてどちらかに誘導するのですが、「唯一の」はすべて切り捨てられて呑み込めるものが一つだけにされます。「メタファー」（隠喩法）は、知っているものに見立てることです。ヒトラーは、ユダヤ人を「コレラ」「癌」「寄生虫」などに見立てる病理学的メタファーを用いて、聞き手に嫌悪感、恐怖感を肌身で感じさせました。

最後に、「婉曲語法」は大変に狡猾です。「戦闘」を「衝突」、「撤退」を「撤収」といった具合に、不都合な事実を差し障りのない表現へと涼しい顔ですり替えます。激しい言葉で強弁する為政者は、その怪しさがすぐに見て取れ、私たちは身構えながら聞くので、さほど恐れることはありません。真に恐れるべきは、為政者が「平和」「希望」「確信」「理念」「意志」等々の、耳あたりのよい抽象名詞を多用するときです。ヒトラーはこれらを多用しましたが、結果として本来の意味とは真逆の意味で用いました。古今東西、平和を多弁する為政者には、注意せねばなりません。ナチの強制収容所の門に書かれた「労働すれば自由になる」というモットーは、口先と実際が真逆である極限の婉曲語法です。誘導する言葉を聞き分けよと、歴史は教えてくれます。

第4章

言葉の呪縛

ドイツ人は支配民族である

ヒトラーと同じ時代を生き、その演説に人生を翻弄された人びとをドイツ各地に訪ね、彼らの言葉を通じてあの時代を追体験する旅も、ようやく道半ば、ヒトラーが政権を握って六年後のポーランド侵攻までやってきた。

これから後の六年、ドイツは、最初は緩やかな坂道を転がり落ちるように、そして最後は止まる術もなく真っ逆さまに破滅に向かって突き進んでいくわけだが、当然、その時代を生きていた当人たちは、そんな悲劇的な未来のことなど知る由もない。今回ロングインタビューをした人びと、その中には、当時ヒトラーに熱狂した人も、当時から批判的だった人もいたが、彼らはこの後の六年間、何を思い、どう行動し、敗戦を迎えたのか、再びその言葉に注意深く耳を傾けていきたいと思う。

一九三九年九月一日、ポーランドに侵攻し、これを屈服させたヒトラーをドイツ国民が「無謬の指導者」として神格化する決め手となったのは、翌年の五月、イギリス・フランスの連合軍相手に収めた完全勝利にあった。ドイツ国境に近いフランス領内に築かれた巨大要塞「マジノ線」で迎え撃つ態勢を固めていたイギリス・フランス軍に対し、ドイツ軍は機動力の高い戦車で敵の領内深くに切り込み、急降下爆撃機による空からの攻撃と連携して敵を撃破する「電撃戦」で臨み、圧倒していった。当時としては画期的なこの戦法を考案したのは、陸軍の主力部隊「A軍集団」の参謀長を務めるマンシュタイン将軍だったが、陸軍総司令部の反対でいったんはお蔵入りしていたこの作戦にヒトラーが目を付け、軍に実行をうながした点にナチ党は注目し、ヒトラーを「軍事の天才」として喧伝した。

五月末には、ドーバー海峡に面したダンケルクという港町に追い詰められていた三〇万の連合軍がイギリス本国へと脱出を開始し、六月一四日にはパリが陥落し、二二日、フランスはドイツに降伏した。七月にベルリンで行われた凱旋パレードの映像には、車上からナチ式敬礼でこたえるヒトラーに、大勢の市民が恍惚とした表情で群がる様子が、映し出されている。

第一次世界大戦の屈辱を晴らすこの大勝利

ベルリンでの凱旋パレード（1940年7月）

© National Archives

こそが、結果的には破滅への第一歩だった。ドイツ軍首脳とヒトラーとの力関係が逆転してしまったのだ。当時のドイツ軍で最も大きな勢力は陸軍で、その中枢を占めていたのは貴族階級出身の軍事エリートだったが、彼らは内心、第一次世界大戦で一伝令兵にすぎなかったヒトラーを、「軍事の素人」とバカにしていた。だが国民の熱狂に後押しされ、ヒトラーの軍に対する発言力は、一気に高まっていく。ヒトラーが、まだ無名の時代から温めてきた野望である「ソヴィエト侵攻」を将軍たちに命じた時、「ナポレオンと同じ轍《てつ》を踏む」と反対できる者は、いなかった。

一九四一年六月二二日、三〇〇万のドイツ軍が、北はリトアニアから、ベラルーシ、南はウクライナにかけての広大なソヴィエト領内に侵攻を開始した。ソヴィエトの独裁者スターリンが、自分の権力基盤を固めるため指

車上のヒトラーにナチ式敬礼をする観客たち

揮官クラスを大量に粛清していたこともあり、経験豊富で統率の取れたドイツ軍を前にソヴィエト軍は敗退を重ねていく。わずか一週間でベラルーシのミンスクが陥落し、九月上旬にはバルト海に面した経済の中心都市レニングラード（現サンクトペテルブルク）が包囲され、九月二六日にはウクライナのキエフが降伏し、九月三〇日、ドイツ軍は首都モスクワ攻略を目指す「タイフーン作戦」を開始した。

こうした戦況を伝えるニュースに、ドイツの人びとはどのように耳を傾けたのだろうか。ドイツ南部、ヒトラーの別荘がある街ベルヒテスガーデンで生まれ育ったルートヴィッヒ・シュレアーさんは、この時一一歳。「突撃隊」の一員だった父は占領地の統治のために東部戦線に送られ、母と二人、雑貨屋を守っていた。

「熱狂していました。当時はまだテレビがなく、ラジオが主でしたが。それと、毎週日曜にあるヒトラー・ユーゲントの『少年・映画の日』でニュース映画は見ていました。戦闘、進撃、反撃……。戦争についてのニュースばかりでした」

Q．どんな思いで、見ていましたか？

「国防軍の快進撃の様子を聞くのは、素敵な気分でした。もちろん、興味がありました。

ラジオでも一時間ごとにニュースが放送されていましたから。当時仲間たちと口ずさんだ歌が、今でも耳に残っています」

Q．どのような歌ですか？

「世界の腐敗した骨が大戦争におののいている。
我々は恐怖に打ち克った、偉大なる勝利だった。
すべてが粉々に砕けようとも、我々は前進を止めない。
我々の歌は今日ドイツに響き、明日は世界全体に響き渡る」

第一次世界大戦の雪辱を晴らすためとはいえ、ヨーロッパ全土を蹂躙《じゅうりん》する侵略戦争に、どうして諸手《もろて》を挙げて賛成したのか。そんな疑問に、誰よりも簡潔明快な言葉で答えてくれたのが、全国のヒトラー・ユーゲントの代表として一九三五年のナチス党大会に参加したクラウス・マウエルスハーゲンさんだった。独ソ戦開戦の一週間後に一六歳となったマウエルスハーゲンさんは、ドイツ女子同盟の一員として熱心に活動していた一歳年下の妹ローレさんと共に、ドイツ軍の快進撃に胸を高鳴らせていた。

「その当時は、よくラジオで特別ニュースを聴いたものです。翌日には新聞でも読みました。もちろん嬉しかったですよ。父がロシアの地図を持っていたので、自宅の壁に貼り、そこにカラーピンで前線を記していました。ある町を占領すると、そこにピンを打つのです。妹のローレと、父に教わりながらやっていました」

Q．勝利を喜んだのは、なぜですか？

「勝ったら嬉しいのは当然ではないですか。スポーツでも自分のチームが勝てば嬉しいものです。当然ではないですか」

この最後の質問に答えた時のマウエルスハーゲンさんの表情を、僕は忘れることができない。心底不思議そうな様子で、視力を失った目で、じっと僕の方を見つめていた。「負けたくない」「相手を打ち負かしたい」という生き物としての本源的な欲求が、スポーツなどだけではなく国と国の外交関係においても正当化され得る。そんな時代に彼らは生きていたのだということを、彼の言葉は教え

クラウス・マウエルスハーゲンさんの妹、ローレさん（1943年）

てくれる。国際社会は食うか食われるかの厳しい世界であり、強い者だけが生き残っていける。弱い者として虐げられるくらいなら、虐げる側にいた方がいいに決まっている。第一次世界大戦で煮え湯を飲まされた彼らにとって、それが真理だった。スポーツと戦争は別という、現代の日本人の多くがごくごく当たり前に思うであろう常識は、時代や立場が違えば自明のことではないのだという事実を、このやりとりは改めて教えてくれる。

それと同時に、スポーツやその他の争いごとと同様、勝利を収め続けていくと、勝ち続ける側の人びとの中に、ある「感情」が生み出されていくということも、インタビューから見えてきた。ドイツ西部の鉄鋼の町ミュールハイムで生まれ育ち、「水晶の夜」の際には炎上するシナゴーグを間近で目撃したホルスト・ヘックマンさんは、自分たちドイツ人は特に優れた民族であるという「選民意識」に、浸り始めていた。

「私たちの場合、学校に地図が貼られていて、ピンで前線が示されていました。『ここまでドイツ軍は到達したのだ！』。それは常に拡大しました。見ると嬉しかった。皆、本当に盛り上がっていましたよ。

ヒトラーがドイツ人の生存圏を拡大したことで、私たちの中に、ある種の『誇り』が生まれました。すべてを成功に導いたヒトラーを、神格化さえしていました。一九三九年一一月に起きた手の込んだ暗殺計画でさえも、彼は奇跡的に生き延びました（※）。そのため彼は、神の代理のように称えられ、彼の発する言葉は『神意』として祝福されました。そう国民は理解しました。彼は、正しい道を進んでいる、と」

Q. あなたも、そう考えていましたか？

「私もそうでした。我らが総統ならやってくれる、とね。彼はよくこう言いました。『〝神意〟が私に力を与え、攻撃を実行せよと仰せられた』。常に神意と述べました。そこで意図されたのは、新たな信仰が生まれることでした。『ドイツ人は支配民族である』と。彼はドイツ人に『我々は然るべき者である！』という自信を与えました。そこに支配民族の概念が生まれたのです。残念ながら私たちは欺《あざむ》かれました。何重にも。その只中にいた若者ほどそうでした」

※一九三九年一一月八日、ミュンヘン一揆一六周年を記念する式典が、ミュンヘンのビアホール「ビュルガーブロイケラー」で開かれた際、ヒトラーの暗殺を目論んだ家具職人のゲオルク・エルザーが、演壇近くの柱の中に爆弾を仕掛けた。例年、長い演説を行うヒトラーだったが、その日に限り予定を急に切り上げて会場を後にし、難を逃れた。エルザーは捕らえられ、後にダッハウ強制収容所に送られ、終戦直前に処刑された。

人はそうした「思い込み」に取りつかれた時、それを裏付けてくれる「証拠」を、無意識のうちに探すのかもしれない。「支配民族」としてのドイツ人、「被支配民族」としてのスラブ民族という概念を強固にしてくれる「言葉」が当時流布していたことも、インタビューから見えてきた。それは「価値の低い人間」を意味する「Mindewertiges（ミンデウェルティゲス）」、あるいは「Untermensch（ウンターメンシュ）」といった言葉だ。ドイツ語で「ウンター」は「下」、「メンシュ」は「人間」つまり「下等な人間」という意味になるのだという。これらの言葉は、ヒトラーの演説を網羅的に集計した、高田博行教授が作成したデータベース上ではほとんどヒットしてこない。ヘックマンさんはこれらの言葉を、ニュース映画の中のナレーションで聞いたと記憶している。

「ソ連との開戦以降、頻繁に使われるようになった言葉でした。週間ニュースで見る捕虜たちの衰弱ぶり、やせ細った様子が、その確証でした。ただ、どうして彼らがそうなってしまったのかまでは、当時は考えが及びませんでした。

捕虜になったロシア人たちを直接目にすることも、何度もありました。それは、恐怖を呼び起こす外見でした。捕虜の多くは、強制労働のため、ドイツの工場などで働かせられていましたから。中には、明らかに下等な人間のように見える男たちもいました。ドイツ人とはまったく違う人種のように見えました。私たちも捕虜になったらそういう見た目になるのだと気づいたのは、敗戦後のことでした」

この頃の「ドイツ週間ニュース」は、いったいどのような内容になっていたのか。独ソ戦が始まった三日後、六月二五日に公開された第五六四号の冒頭のニュースは、六月二二日にベルリンのオリンピックスタジアムで行われたサッカーのドイツ選手権の決勝戦だった。ドイツ選手権とは、ドイツに属する各地域の代表がトーナメント方式で優勝を争う年に一度の大会で、この年は、ベルリンの「シャルケ04」と旧オーストリアの「ラピード・ウィーン」が対戦し、シャルケが三点を先制した後に、ラピードが四点を逆転し、初優勝を飾っている。熱戦の模様が長々と伝えられ、手を叩き喝采する観客たちの姿が映し出されている。

この号でも、中盤以降、ソヴィエト戦線の様子が伝えられているが、より本格的になるのはその約一週間後、七月四日に公開された第五六五号だった。二二分の全編にわたってソヴィエトでの戦いの様子が伝えられている。

ドイツ週間ニュース第565号に映し出された捕虜たち。彼らの多くが生きて祖国に帰らなかった

戦車部隊を先頭に威風堂々と進撃するドイツ軍、精悍な顔つきの将兵、それと対比させるように、炎上する敵の戦車や破壊された街、みじめな身なりで歩かされる大勢のソヴィエト軍捕虜が映し出され、次のようなナレーションが添えられている。

「捕虜、それは野蛮な人種。原始的で文字すら読めない、不良な量産品である」

こうしたプロパガンダを、若者たちの多くは、疑いをはさむことなく吸収していった。独ソ開戦当時一四歳だったハンス・ヘラーさんもそのひとり。国家主義者だった父や、ヒトラー・ユーゲントの活動を通じ、ヘラーさんは他民族への差別意識を強烈に植え付けられ、「価値の低い人間」という言葉も、受け入れていた。

Q. 当時、ロシア人やポーランド人について、あなたはどう考えていましたか？

「乱暴で汚い。それが彼らのイメージでした。『スラブ民族』とひとまとめに言っても、ロシア人はポーランド人よりさらに低価値で汚いとされました。明るく澄んだゲルマン民族は『清潔』さや『秩序』と結びついています。イタリア人などラテン民族は少し劣り、スラブ民族はさらに劣るのでした。黒人と同じくらい劣る。はっきりした等級がありました。スラブ民族はとにかく汚い。無秩序で前近代的で野蛮、というイメージです。

面白いのは、実際に目にする現実は、時にそのイメージにそぐわないことがあるということです。一九四二年に農村での収穫作業に駆り出された時、ポーランドから強制連行された労働者三人と一緒に働くことになりました。なんとか会話をしようと、頑張ったものです。彼らはドイツ語が話せず、私はポーランド語が話せません。でも何とか理解し合えるものです。とても面白かった。三人の中に、私と同じギムナジウム（高等教育）の学生がいました。私の一歳年上です。彼とは特によく理解し合えました。

ポーランド人は文明化されてなく、汚いはずなのに、この三人はまるで違いました。だが不思議なことに、私はその矛盾に思い至りませんでした。ちょっと現実に目を向ければ、すぐに誤りに気づきそうなものです。疑念を抱いてよいはずです。でも、そんなことにはなりませんでした」

Q．なぜその矛盾に、気づかなかったのですか？

「プロパガンダは絶え間なく、ずっと以前から私たちに降り注いでいました。植え付けられたのです。目の前で起きている現実が、頭の中のイメージと一致しなくても、イメージがすぐに崩壊するわけではありません。そのまま固く維持されるのです」

こうして社会全体に広まっていったスラブ系民族への人種的憎悪は、ヒトラー以外のナチ党幹部の言葉によっても語られていた。ベルリンで生まれ育ち、ギムナジウムを卒業した一九四一年から「ＡＥＧ」というドイツ屈指の巨大電機メーカーで働き始めたヘルガ・ヴェルデンさんは、ある幹部がＡＥＧを訪問し、従業員を前に演説した時のことを、次のように記憶している。

「彼はロシアを全滅させねばならない、と言いました。ロシア人は下等なボリシェヴィキスト（共産主義者）だと。同じ人間ではなく、絶滅すべきだというのです。声はうるさく、わめいているようでした。興奮し、顔を歪め、奇妙なジェスチャーでした。

皆は夢中になって聞いていました。当時はまだ、ドイツが勝利に次ぐ勝利を収めていたからです。あらゆる土地へと進軍していました。その時私は聴衆の後ろの方に隠れるように立っていましたが、聞いていられなくなって途中で外に出て、座り込んでいました。誰かが来て『どうした？』と聞かれましたが、中の空気が悪くて……と伝えました」

ヴェルデンさんは、今回インタビューした中で、比較的早い時期からヒトラーに対して反感を持っていたと語っていたひとりだ。こうした言葉ひとつひとつの真偽をどう確認するのか、証言取材を進めていくうえで毎回難しいところではあるのだが、彼女の場合、ひとつひとつの証言のリアリティから総合的に判断して、ヒトラーに対し否定的な感情を持っていたというのは嘘ではないと思われた。機械工だったというヴェルデンさんの父親は穏健な社会民主党員で、金属労働組合の役員まで務めていたが、ヒトラーの首相就任後、冷や飯を食わされたこと。ナチスに反発した両親の勧めで、彼女は民主的な教育を行うギムナジウムに通っていたこと。フランス降伏後の「ベルリン凱旋パレード」に駆り出された際、乗り気ではなかったヴェルデンさんはヒトラーが通り過ぎるや、すぐに友人と市の中心「アレクサンダー広場」にある食堂にジャガイモスープを食べに行ったこと。両親と三人で暮らしていたベルリン市内のアパートメントには、時折、両親が心を許す親しい友人がやってきては、ひそひそと政治の話をしていたということ……。

中でも、彼女の言葉は信じるに足ると一番感じたのが、両親とヘルガさんとの間で交わされていた話の内容を教えてくれた時だった。

ヴェルデンさん一家（1941年）

「昔は家族一緒に、リビングキッチンで過ごしたものでした。そこには暖炉があって、私も週末はたいてい居間にいましたが、両親の友人が来ても私は出て行くよう言われたことはなく、いつも一緒に聞いていました。ただ両親からは、『よそでこの話をしてはいけない。聞くべきでない人が聞くと、私たちは連行され、二度と会えなくなるだろう』と言われました。そんな風に言われると、子どもは黙っているものです。親を失いたくはありませんから。頼み込むような調子でした。心から頼む感じです。『お願いだからこの話はしないで』と。そのため私は、他の子どもたちが知らないことも早くから聞いていました。こういうことは忘れませんし、子どもでも一緒に考えれば、頭に残るものです」

Q．ナチスに反発していたお父さんは、何か行動に移すことはあったのですか？

「いいえ、何もしていません。彼がこう言っていたのを覚えています。『自分は英雄ではない。地下に潜るのは自分ではない。危険すぎるからだ。自分は家族と穏やかに暮らしたい、悪夢を生き延びるのだ』と。『悪夢は永遠には続かないから』。一度か二度、何かの拍子に口にしただけです。私はそう聞いて、心に留めただけです。父にいてほしかったですから。彼が活動に入らず、良かったと思いました」

ヒトラーが喧伝する人種的偏見、それを実現しようという戦争には反発を覚えるけれど、自分や家族の命を危険にさらしてまで反対することはできない。当時、多くのドイツ人が抱えていたであろう「葛藤」を、ヴェルデンさんは率直に語ってくれた。そして彼女の言葉から、政権に就いて以来、ヒトラーが時間をかけて人びとの中に蒔《ま》き続けてきた「偏見の種」が、それに疑問を持つだけで身の破滅を意味するまでに、社会の中に危険な根を張っていた実情が浮かびあがってきた。

口を手で隠して生きる

そうした中、ドイツ国内のユダヤ人に、異変が起きる。市民権を剥奪され、ひっそりと息をひそめ暮らしてきた彼らが、こつ然と姿を消し始めたのだ。きっかけは、東部戦線におけるドイツ軍の進撃が、大きくつまずいたことにあった。

ソヴィエトに侵攻を開始して四か月後の一九四一年一〇月、ドイツ軍はモスクワへの進撃を開始していたが、ドイツ軍を上回る性能の戦車が現れたこと、ソヴィエト軍の精鋭部隊がシベリア方面から投入されたこと、そしてロシアの厳しい寒さがやってきたこと、さまざまな要因によりドイツは大敗北を喫し、戦線は大きく押し戻された。

そもそもヒトラーは、ドイツ国内のユダヤ人問題の「最終的解決」として、占領後のソヴィエトで奴隷として働かせるか、シベリアへと追放するか、いわば捨て駒として利用することを考えていた。そのためにまず、一九四一年から四二年にかけてウクライナ、ベラルーシ、ロシア北西部の住民三〇〇〇万人を餓死させることがソヴィエト侵攻直前の会議で決められていたのだが、東部戦線がほころびを見せ始めたことでその方針を変更し、ドイツ国内のユダヤ人たちを「処分」することに決めたと言われている。

この最終的な決定は、一九四二年一月にベルリンで開かれた「ヴァンゼー会議」でなされ、ドイツはユダヤ人絶滅に向け最終的に舵を切ることになるのだが、「つまずき石」プロジェクトを通じてドイツ全土に埋められた一〇万もの石の主の最期を追っていくと、ユダヤ人が連行された時期にはいくつかの波があり、その最初の波は、すでに一九四一年の一〇月から一一月にかけて始まっていることが見えてくる。

ベルリン西部の住宅街に埋められている一家四人の「つまずき石」も、そのひとつだ。石の主は家長のゲオルク・フロストさん、妻のエルナさん、息子のハンス君、そしてエルナさんの弟のジェームス・ブルムさん。ハンス君はまだ一〇歳だった。「つまずき石」のホームページの記述によると、彼らは一九四一年一一月一七日夜、ここにあったアパートメントを退去させられ、七キロ離れたグリューネヴァルト駅まで歩かされた後、列車に乗せられてラトヴィアの首都リガに向かった。だが途中でリトアニア第二の都市カウナスにあるユダヤ人ゲットーに行き先が変更となる。この時連行されたのは、ハンス君ら子どもを含む一〇〇六人で、うち二五人が一〇歳未満だった。そして一一月二五日、彼らは街の外れにある「第Ⅸ要塞」に到着した後、射殺された。この日だけで一七五人の子どもを含む二九三四人のユダヤ人が殺され、一二月までの間に、カウナスだけで一三万七三四六人が殺害されたという。

フロスト一家が送られた先が、なぜ「リトアニア」だったのか。その理由は、ここがドイツ軍の占領地の中でいち早くユダヤ人を殺戮する態勢が整った場所だったからだ。リトアニアには古くから多くのユダヤ人が暮らしており、首都ヴィリニュスは、「北のエルサレム」ともいわれる、東欧ユダヤ文化の中心地だった。第一次世界大戦中の一九一八年にロシア帝国から独立したリトアニアだが、ヒトラーがソヴィエトに侵攻する前年の一九四〇年六月、ソヴィエト政府によって再び併合され、社会の指導的立場にいる人びとが二万人以上連行され、多くが殺された。そのソヴィエトをリトアニアから追い払ったドイツが、「共産主義の背後には、世界的規模で連帯するユダヤ人がいる。そのユダヤ人を殺すことは正しいことだ」と説いたため、多くのリトアニア人がナチスの手先となり、迫害に加担していった。

こうしてドイツ国内のユダヤ人が、次々と占領地に連行されては殺されていき、やがて一九四二年以降になると、ユダヤ人の虐殺は、トレブリンカやアウシュヴィッツ＝ビルケナウなどの「絶滅収容所」が主導していくようになる。

主な強制収容所と絶滅収容所 1939-1945年

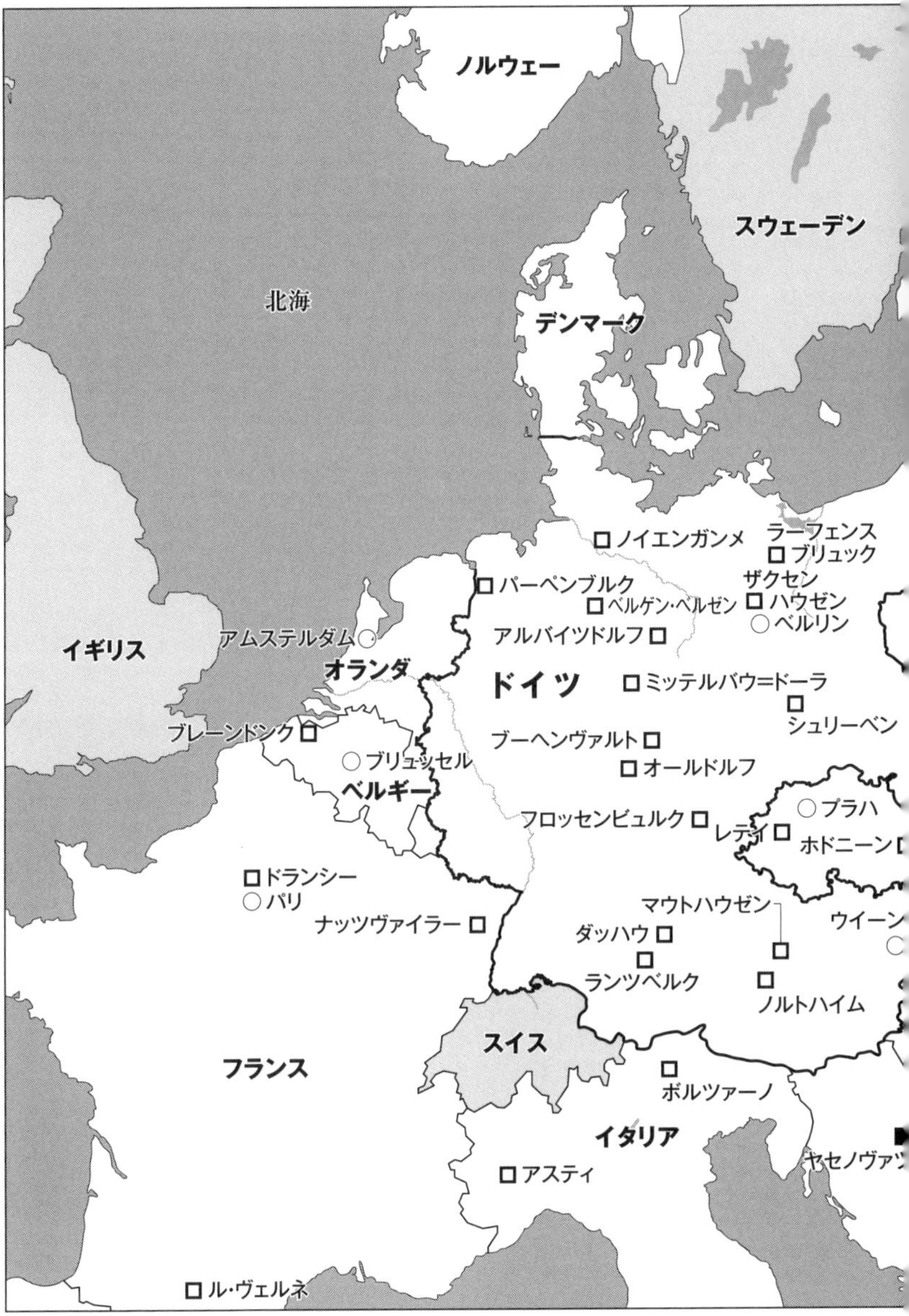

ノルウェー
スウェーデン
北海
デンマーク
ノイエンガンメ
ラーフェンス
ブリュック
パーペンブルク
ザクセン
ハウゼン
ベルゲン・ベルゼン
ベルリン
アルバイツドルフ
アムステルダム
イギリス
オランダ
ドイツ
ミッテルバウ=ドーラ
シュリーベン
ブレーンドンク
ブーヘンヴァルト
ブリュッセル
オールドルフ
ベルギー
プラハ
フロッセンビュルク
レデイ
ホドニーン
ドランシー
パリ
ナッツヴァイラー
マウトハウゼン
ダッハウ
ランツベルク
ノルトハイム
スイス
フランス
ボルツァーノ
イタリア
アスティ
ル・ヴェルネ

今回インタビューした中に、このフロスト一家をよく知る人物がいた。一家が暮らす隣のアパートメントに住んでいた、エーファ・ティムさんだ。ティムさんは五歳年下のハンス君を、弟のように可愛がっていた。ハンス君がユダヤ人であるにもかかわらず分け隔てなく接したのは、母親のケーテさんの影響が大きかったという。ヒトラーが政権に就いた時、突撃隊のたいまつ行列を見て「茶色の死刑執行人がやって来るぞ」とつぶやいた父親はその後まもなく病気で亡くなったが、同じくナチスに反感を持っていたケーテさんは、ユダヤ人への差別が激しさを増しても、それに与《くみ》することはなかった。前述のように、ボイコットでガラガラになったユダヤ人の歯科医のもとに「ここは腕が良いから」と通い、ユダヤ人経営のカフェで「プラムケーキが絶品だ」と窓側の席に陣取るだけでなく、小さ

ハンス・フロスト君のつまずき石

なタバコ店を営んでいたハンス君の両親のもとにティムさんを使いにやり、お気に入りのタバコ「ムラッティ・コルク」を買ってこさせた。「水晶の夜」の際には「あいつ（ヒトラー）がドイツにどんな恥をもたらしたか、お前たちに見せなくては」と、ティムさんと兄の手を引いて暴動の現場を歩き回ったという。

ティムさんは、ユダヤ人への迫害が厳しさを増していく中でも明るさを失わなかったハンス君のことを、「ハンジー」という愛称で、懐かしそうに話してくれた。

「ハンジーの姿が、今でも目に浮かびます。クルクルの巻き毛の可愛い子でした。表の通りで、ぴょんぴょん跳び跳ねていました。私が学校から帰ってくると、よくハンジーは、階段のところで私を待っていてくれました。たいてい、とりとめもないおしゃべ

ハンス君（左上）、エルナさん（中上）、ゲオルクさん（右上）、ジェームスさん（右下）のつまずき石。左下はゲオルクさんの姉のもの。10日後に同じく連行され、殺された

りをしていましたね。私は、学校の話を聞かせてあげました。あとは、一緒に遊びました。

ところがある日、タバコを買いに行ったらハンジーのお店が破壊されていました。その時、路上で話をしたのが、ハンジーとの最後の思い出です。その後、突然一家はいなくなりました。それは私にとって辛いことでした。戦争で多くの大切な人を失いましたが、何よりも辛かった。しばらく涙に暮れました」

Q．ハンス君たちの身に何が起きたと想像しましたか？

「何を知っていたでしょう……。何が起きているか、一部は知っていて、話もたくさんしました。彼らは連行されました。連行

キリスト教会で「堅信礼」を受けた際のエーファ・ティムさん（1942年5月）

され、いなくなりました……」

Q．どこに連れて行かれたか、当時はどれくらい理解されていたのですか？

「強制収容所という言葉は、ベルリンでは知られていました。そんな言葉は聞いたことがなかったと言う人が今いれば、それは嘘です。田舎に住んでいた人ならともかく。そこで何が起きているかも、想像はついていました。ひどいことが起きていると。たくさんの噂話がありましたし、憶測も飛び交っていました。ガス室のことまでは知りませんでしたが、何らかの形で人が殺されているということは、聞いていました」

ハンス君が姿を消した時、ティムさんは一五歳だった。当時の彼女に、何をすることもできなかったのは当然だ。自分が彼女の立場だったら、同じように沈黙するしかなかっただろう。だが、安易な共感ほど、取材するうえで危険な落とし穴はない。相手を怒らせるかもしれない、できればこれ以上聞きたくない、という思いから、自分自身を納得させようとしているだけのことが多々あるからだ。そしてその結果、当事者にしか語れない言葉を聞く機会を永久に逃してしまうのである。

当時のドイツ人たちがなぜ「沈黙」したのか、その時代を生きた人の口からちゃんと教えてもらいたいと考えた僕は、少し間を置いた後に、こう尋ねた。「多くの知り合いが姿を消し、それでも何も声をあげられなかったのは、どうしてですか?」

予想通り、これは彼女にとっては、好ましい質問ではなかった。彼女は、一瞬言葉を失い、大きな身振りであきれたようなしぐさを見せた後、こう答えた。

「平和な時代に生きるあなただから、『なぜ何も声をあげなかったのか?』と尋ねることができるのです。おそらく……恐怖からです」

Q. 何に対する恐怖ですか?

「誰かナチスの息のかかった者に知られれば、罪人に仕立て上げられる可能性がありました。現在のように民主主義の中で生きて、自由に発言できる状態でいると、想像

ヒトラーの時代は本音で話すことができなかったと語るエーファ・ティムさん

できないでしょう。でもそうでした。若い人たちには、まるで共感できないでしょう。抗議の声をあげた者は、死をもって報いられました。もちろん、信頼する相手の前では、本心で話すこともありました。でも広く人前では……口を手で隠して生きていたのです」

ティムさんはこの時、片手で口を覆い、怯《おび》えるようなまなざしでこちらを見つめていた。それは、あの時代を思い出す時の、ティムさんの偽らざる心境なのだろう。

ティムさんはインタビューに先立ち、戦時中に撮影された写真が収められたアルバムを見せてくれた。一〇代半ばの、若さ溢れる、はじけるような笑顔の写真が並んでいる。笑顔の彼女はこの時も、僕らの眼には映らない「見えざる手」で、みずからの口元を押さえていたのだろうか……。

総力戦演説

一方、この禍いの元凶である当のヒトラーは、戦争が始まった頃から、国民の前に姿を見せなくなっていた。第二次世界大戦が始まる前年の一九三八年には一〇〇回近く行っていた演説が、翌年にはわずか四〇回。独ソ戦が始まった一九四一年以降は、年に一〇回ほどと少なくなっていく。しかもそれは、政権を奪取した一月三〇日、党結成記念日の二月二四日、ミュンヘン一揆を起こした一一月八日など、節目の日に行われた演説が中心だ。

自分には用兵の才があると思い込んでいたヒトラーは、東プロイセン州のラステンブルク（現ポーランドのケントシン）の「狼の巣」など、ヨーロッパ各地に造られた「総統大本営」と呼ばれる司令部に入りびたり、陸海空軍の司令官に囲まれながら、軍の作戦指揮に口出しをして、現場を混乱させていた。当時の週間ニュースには、大きな作戦地図を前に将軍たちに指示を出すヒトラーの姿が、大仰なナレーションとともにしばしば映し出されている。

だがヒトラーの肝いりで行われた作戦は次々と失敗し、東部戦線でソヴィエト軍に敗北を重ねていった。独ソ戦が始まった一九四一年にモスクワ攻略に失敗したヒトラーは、翌年の夏、ソヴィエト南部、カフカス（コーカサス）地方の石油資源を攻略しようと、この一帯の要衝で独裁者スターリンの名を冠した「スターリングラード（現ヴォルゴグラード）」の占領を軍に命じる。スターリンから町の死守を命じられたソヴィエト軍との間に激しい戦いが繰り広げられ、一〇〇万近いドイツ軍将兵と、それをはるかに超える数のソヴィエト軍将兵と一般市民が傷つき、命を落としていった。

やがてドイツ軍は、反撃に転じたソヴィエト軍に包囲され、極度の飢えと寒さに苦しめられた末、一九四三年一月三一日、ヒトラーが政権の座に就いて一〇年目の節目の日の翌日に降伏した。

最後まで戦い抜くことを求めていたヒトラーの面目は丸つぶれとなり、この頃を境に、ヒトラーは演説の表舞台に立つことをますます避けるようになる。スターリングラードのドイツ軍が降伏して二週間が過ぎた一九四三年二月一八日、ベルリンの中心部にある一万人収容の「スポーツ宮殿」で、後に「総力戦演説」と呼ばれる大演説会が開かれた。ソヴィエトを中心とする共産主義勢力の脅威を訴え、「総力戦争―最短戦争」というスローガンのもと、この脅威に立ち向かうためにはドイツ国民が一丸となって戦争に臨まなければならない、と熱烈に語ったのは、ヒトラーではなく、その忠実なるしもべ、宣伝大臣のゲッベルスだった。

演説の最終盤、「諸君は総力戦を望むか⁉」と問うゲッベルスに対し、聴衆はナチ式敬礼をしながら総立ちとなり、「諸君に問う。勝利を」「もちろん！」と答えている。さらに、「諸君に問う。勝利を勝ち取るため、総統に従っていく決意はある

総力戦演説。演壇の後ろに「Totaler Krieg（総力戦争）‐Kürzester Krieg（最短戦争）」というスローガンが掲げられている（1943年2月）

© Bundesarchiv, Bild 183-J05235／Fotograf: Ernst Schwahn

か!?苦難を共にし、最も重い負担に耐える覚悟があるか!?」と問うゲッベルスに対し、再び聴衆は敬礼とともに「もちろん!」と叫び、当時ドイツ中に掲げられたスローガン「総統が命じ、我らは従う!」の大合唱を繰り返し、演説会は異様な熱気に包まれたまま、幕を下ろす。

ドイツ中にラジオ中継されたこの演説会はすべてナチ党によって仕組まれたものであり、聴衆もすべて、党の息のかかった「サクラ」だったことが今では分かっている。彼らがこのような演説会を仕立てあげたのは、国民の間に厭戦気分が蔓延することを恐れたためだった。なぜならこの頃、ヒトラーが始めた戦争は、兵士と兵士が直接相まみえる最前線だけではなく、銃後の一般市民の上にも降り注ぐようになっていたからだ。アメリカ、イギリス軍によるドイツの都市への空襲が激し

ヒトラーに代わり演説するヨーゼフ・ゲッベルス宣伝大臣

さを増していたのである。

ドイツの同盟国だった日本の場合、周囲を広く海で囲まれていることが幸いし、航続距離の長い超大型爆撃機Ｂ29が実戦に配備される一九四四年までは激しい空襲とは無縁だったが、それとは対照的に、ドイツでは一九四〇年にはすでに、イギリス本土の航空基地から爆撃機が飛来し、ベルリンをはじめドイツの都市に爆撃を行っている。イギリス軍は爆撃機が撃墜されるのを防ぐため、主に夜間の爆撃を行っていたが、ドイツ軍は世界最先端のレーダー技術を駆使した「夜間戦闘機隊」を編成して迎え撃ち、被害を最小限に食い止めることに成功していた。だが東部戦線での戦いが泥沼化し、戦力が消耗していった一九四三年には、敵の空襲を防ぎきるだけの戦力が揃わなくなってくる。

総力戦演説の記録映像より。ナチ式敬礼をする聴衆。負傷兵の姿も見られる

© 21st Century Studio

象徴的だったのが、一九四三年七月、ドイツ北西部の港町ハンブルクに対して行われた空襲だった。二四日から翌二五日にかけての夜間、さらに二七日から翌二八日にかけての夜間に、それぞれ八〇〇機近いイギリス軍の爆撃機が襲来し、四万人とも六万人とも言われる市民が犠牲となり、ドイツ第二の都市は、がれきの山となった。

「おのれの責任を自覚せよ」白バラ抵抗運動

こうした中、ドイツ国内ではヒトラーに反旗を翻す動きも起きている。ベルリンのスポーツ宮殿で「総力戦演説」が行われたまさに同じ日にミュンヘンで逮捕されたショル兄妹らによる「白バラ抵抗運動」だった。一九一八年生まれの兄ハンス・ショルは、ヒトラーが政権を握った年、父ローベルトの反対を押し切ってヒトラー・ユーゲントに入団するなど、ごくありふれたドイツの少年だった。父ローベルトは、ドイツ南部の街フォルヒテンベルクの市長を務め、ヒトラーとナチ党を「狼のように残忍で、うそつきだ」と看破するリベラリストだったが、ハンスだけでなく、五人の子どもすべてが、当初は望んでヒトラー・ユーゲントやドイツ女子同盟に入団している。

特にハンスは、一九三五年九月にニュルンベルクで開かれたナチスの党大会にも参加を許されるほど熱心に活動していたが、やがて、差別的で抑圧的なナチズムの本質に気づき、距離を置くようになる。そして陸軍に入隊し、衛生兵として配属された部隊で後に抵抗運動の同志となる仲間と出会い、共に軍務の傍らミュンヘン大学医学部で学びながら、ヒトラーに反旗を翻す意志を固めていった。そこに同じミュンヘン大学で哲学を学ぶ妹のゾフィーも加わり、一九四二年六月、ヒトラーを糾弾するビラをミュンヘン中にばらまく活動を始めた。


（最初のビラより）

「誠実なドイツ人はみな自国の政府を恥じているのではないか？

とすれば、ひとり残らず、西洋文明の一員としておのれの責任を自覚し、できるかぎり激しく抵抗しなければならない。

人類に災難をもたらす者たち、ファシズム、
およびその他の全体主義的支配体制と闘わねばならない」


（四枚目のビラより）

「ヒトラーの口から出てくることばはすべてうそである。

ヒトラーが平和と言うとき、それは戦争のことだ。

不敬にも全能の神の名を口にするとき、それは悪の力、堕天使、悪魔のことだ。

ヒトラーの口は悪臭ただよう地獄の深淵、ヒトラーの力は実にいまわしいものである。

（略）

われわれは黙っていない。われわれは君たちの心にささったとげである。
白バラは君たちに心安らかな日々は送らせない！」

一九四二年夏、ハンスらは衛生兵として赴いた東部戦線で、ドイツ軍が犯す蛮行の数々を目のあたりにすることになる。そしてミュンヘン大学に復学した一九四二年秋以降、ビラ配りの活動を、秘密裏かつ大々的に推し進めていく。

（五枚目のビラより）
「ヒトラーがドイツ国民を奈落の底に突き落とすのは確実である。
ヒトラーはこの戦争に勝つことはできない。できるのは長引かせることだけである。
罪深い政権が、ドイツに勝利をもたらすことはできない。
手遅れになる前に、国家社会主義とかかわるすべてのことがらと縁を切れ。
かくれている者、勇気がなく、ためらっている者すべてに、
やがて、おそろしい正義の審判が下されるであろう」（＊6）

（注）「国家社会主義」の原語「Nationalsozialistische」は、近年、「国民社会主義」と訳されることが多い。

一九四三年二月一八日、ハンスは妹のゾフィーらとともに、ミュンヘン大学構内でビラ

を撒いていたところを捕らえられ、四日後、政治犯を裁く「民族裁判」にかけられ、その日のうちに処刑された。「国民社会主義体制の破壊やヒトラーへの誹謗中傷を行い、利敵行為を行った」とする「国家反逆罪」に問われてのことだった。

だが、この運動は、ドイツ社会全般には広がらなかった。そこには、敗色が濃くなるにつれ、秘密警察「ゲシュタポ」などを通じた思想統制がさらに厳しくなったことも関係している。連合軍が五年にわたってドイツの各都市に行った無差別爆撃の詳細をまとめあげた、イェルク・フリードリヒの大著『ドイツを焼いた戦略爆撃』には、戦禍が各地の都市に及ぶ中、ヒトラーやナチ党に批判的な言葉を発したり、戦争の先行きに否定的な見通しを語ったりしたため処刑された人びとの実例が、多く挙げられている。

ベルリンの動物学博物館で働く五三歳の学芸員は、一九四三年九月三日のベルリン空襲の翌日、幼馴染の女性に向かって「今こそ、罪ある者が責任を問われるだろう」「党はもうおしまいだ」と語ったが、この幼馴染の女性が党に密告したため、ベルリンの民族裁判所で裁かれ、絞首刑となった。

ある小さな町の司祭は、「ハンブルクの悲劇はドイツ人が求めていた全面戦争そのものだ」と語り、「私たちが戦争を始めたのだ。状況は（第一次世界大戦に敗北した）一九一八年と同じように思える」と発言したところ、二人のナチ党員修道女の密告を受け、裁判にかけられ、処刑された。

一九四二年から四四年までの三年間で、民族裁判所は一万二八九九人の被告を裁き、その半数に死刑を言い渡したが、その数は年を追うごとに、増加の一途をたどったという。

総統が命じ、我々は従う

その一方で、戦況が日に日に悪くなり、生活が窮乏しても、ヒトラーの言葉の呪縛に囚われたままの人が多かったのもまた事実だった。それはいったいなぜなのか。ユダヤ人やスラブ系民族が「価値の低い人間」だというプロパガンダを妄信していた当時の心情を率直に教えてくれたハンス・ヘラーさんは、こう語っている。

「ドイツが戦争に負けると明白になってきた時、私たちはこれから戦争がどうなるのか熟慮しましたが、奇妙なことに、ヒトラーについてはまったく考えませんでした。考えれば、私たちのヒトラー像が揺らいだでしょう。しかしヒトラーはとにかくテーマになりませんでした。彼はもはや、我々の前に姿を見せませんでした。演説もしなかった。それにもかかわらず、なぜかヒトラーは視野になく、『彼は本当に完全無欠なのか』という問いは浮かびませんでした」

今回、インタビューをさせていただいた方々は、皆さん、聡明で理知的だったが、へラーさんはその中でも特に深遠な思考の持ち主で、言葉のひとつひとつにこだわって語る姿が印象的だった。そんな彼の言葉の中にも、戦後になって知った事実が、戦前の心情とないまぜになって語られている部分がある。それらをひとつひとつ解きほぐしながら、話は進んでいった。

Q．ヒトラーが国民の前に姿を見せず、演説もしていないことに、当時のあなたは気づいていたのですか？

「……。いいえ。彼がいないことには気づいていませんでした。私の今の言及は、戦後に得た認識に基づきます。当時私たちは、そのことに気づいてすらいませんでした。

私が話したかったのは、まさにその点です。少年時代、早い時期にあらゆる方面から築かれたイメージが、いかに深くとどまるのか。そしてそれに反する事実が目の前で起きていても、いかに反証されえないのか。

もうひとつ、私たちがもっと早く気づかねばならなかったのは、ドイツが戦争に勝つのは当然のことではないということです。これも戦争の最後まで続いたプロパガンダでした。『我々は勝つであろう、なぜなら我々は勝たねばならないから』。まったく論理的ではありません。相手の国民だって、勝たねばと信じていたでしょう。そして勝つのは両陣営のうち片方だけです。でも、『勝つであろう』という言葉があまりにも深く刺さりすぎ、ドイツが戦争に負け得るという考えに至ったのも、あまりにも遅いタイミングでした。私たちが浴び続けたプロパガンダの、なれの果てです。

せめてスターリングラードの頃に、ドイツの敗北を想像できていたなら……。なのにその後も、ドイツは戦争に勝利するという思い込みが続きました。敗退は『前線の整理』と説明されました。長い前線を保つよりも、撤退して整理する方がよい。はるかに短い前線になるから、巨大な領土を失っても問題ないのだと。私たちは馬鹿ではなく、考えることはできました。それがゆえに、あまりにも長くそれまでのイメージを維持し、いつか主導権を奪還し戦争に勝つだろうと都合よく考えてしまった。かくも、私たちの脳裏に深く刻まれた事柄には、明白な事実を目の前にしてもなお、疑問を感じさせず、矛盾に至らせない力があったのです」

ヘラーさんと同じ一九二七年生まれで、ヒトラー・ユーゲントの一員として熱心に活動していたヴォルフガング・ブロックマンさんもまた、ヒトラーの無謬性にまったく疑いを持たなかったひとりだった。ハンブルク近郊の港町リューベックで生まれ育ち、後に家族でベルリンに移り住んだブロックマンさんは、一九四三年七月、故郷のリューベックで夏休みを過ごしていた。そこに、ハンブルクへの大空襲が行われる。六〇キロ先のハンブルクが夜通し炎に包まれるさまを目撃した彼は、翌日、ヒトラーが始めた戦争の現実を、目のあたりにすることになる。

「トラックが次々とリューベックの街に到着しました。衣服などを抱えた避難民が詰め込まれていて、駅で降ろされました。ハンブルクから焼け出された人びとを連れてきたのです。運転手が、『ハンブルクに一緒に来ないか』と尋ねてきました。『もっと多くの避難民を運ぶから』と。私は総統と共に前進するドイツ少年として、協力する準備がありました。一緒にいた友人と共に、『もちろん行きます』と答えました」

ブロックマンさんたちの乗ったトラックは、ハンブルクの北西、アルトナ地区の「フォルクスパルク」という緑地に到着した。この一帯は空襲を免れており、避難民が多数集まっていたのである。そこで避難民を車いっぱいに乗せ、帰路についたトラックは、ハンブルクの中心部、エルベ川に面した「ザンクト・パウリ」を通過する。この一帯は、空襲の被害が最もひどく、関東大震災や東京大空襲の時のような「火災旋風」が発生し、多くの犠牲者が出た場所だった。

「まだくすぶり続ける街を通りました。一台の台車が目に飛び込んできました。友人が言いました。『焼けた羊だぞ』。よく見ると、積み重ねられた人間の死体でした。焼け焦げ、縮みあがり……。ぞっとしました。あれはひどかった。本当にひどかった。都市に対する、大規模で冷酷な爆撃の恐ろしさを、初めて経験しました」

Q．ハンブルクの様子を見て、何を思いましたか？

「憎悪の念が膨らみました。イギリス、アメリカへの敵意。ああも人間を破壊しつくすのかという。それが唯一でした。そして『絶対に兵士になるのだ』という強い意志が生まれ、報復をするのだと思いました」

Q．ヒトラーやナチ党に対する疑念は、抱きましたか？

「抱きません。敵への憎悪、憤怒、怒りしかありませんでした。むしろ逆に『この戦争は勝たねばならない』という気持ちが、より強固になったのです。他の選択はありません。『総統が命じ、我々は従う』のです」

一六歳だったブロックマンさんは、夏休みが終わると、学校ごとユーゴスラヴィアに集団疎開したが、年末には首都ベルリンに呼び戻された。ブロックマンさんたち一九二七年、二八年生まれの少年たちも、首都の防空隊に入隊することが決まったからである。ブロックマンさんが配属されたのは、ベルリンの東の郊外ラーンスドルフにある高射砲部隊の指揮所だった。「ようやくハンブルクの敵《かたき》が討てる」と勇み、闇夜に敵機を浮かび上がらせるサーチライトや、敵爆撃機の爆音を感知する巨大聴音機の操作にあたった。

その頃、連日連夜爆撃を受けるドイツの都市を、上空から見つめる男がいた。ユダヤ人の父を亡くした、ヴィルヘルム・ジーモンゾーンさんだ。ヴィルヘルムさんは、第二次世界大戦が始まった直後の一九三九年一二月に父のレオポルトさんを亡くした後も、ナチ党に忠誠を誓っていた。そして、空軍の地上偵察員としての任務に飽き足らず、操縦士として空を自由に飛びたいという願いを抱くようになっていった。本来ヴィルヘルムさんは航空機の搭乗員ではなく、それは容易にはかなわない望みだった。そこで、当時のドイツ軍の航空総監で、第一次世界大戦の空の英雄でもあったエルンスト・ウーデット大将へ直々に嘆願書を送ったところ、これが特別に認められ、操縦士としてのキャリアが始まったのだった。そして三年に及ぶ訓練を経て、一九四三年秋、オランダ・アムステルダム近くにあった夜間戦闘機の部隊に配属された。

ヴィルヘルムさんに与えられたのは、「ユンカース88」という三人乗りの爆撃機で、すでに爆撃機としては時代遅れとなっていたが、機体が大きいため夜間迎撃用のレーダーを積み込むことができ、爆弾倉に追加燃料タンクを積み込めば、最大で六時間もの間、上空にとどまり続けることができるため、夜間戦闘機隊の主力機のひとつとなっていた。機体の後部に斜め上に向けて取り付けられた二門の機関砲（「斜め銃」）を使い、敵の爆撃機の下に潜り込んで攻撃する、という仕組みになっていた。ヴィルヘルムさんはこの機体を操り、七人乗りのイギリス軍爆撃機「ランカスター」を三機撃墜している。

「レーダーを操る無線通信士が、ランカスターが視界に入るまで導いてくれます。爆撃機は、黒い影のように見えました。私たちはランカスターより下を飛び、近づきます。地上は灯火管制で暗いので、下から上を見上げた方が、星空をバックにシルエットが浮かび上がるのです。昼間は、太陽を背に見おろした方が敵を発見しやすいですが、夜は逆です。そして、機体の後部にある斜め銃をレバーで作動させ、上に向け発射します。狙うのは両翼のエンジンです」

飛行練習生時代のヴィルヘルム・ジーモンゾーンさん

Q. 攻撃に向かう時は、どういう気持ちなのですか?

「興奮とは言えません。ただただ、集中していました。一一〇%の集中でした。なぜなら興奮は行動に影響するからです。焦ってはいけません。生死がかかっているという意識があるからこそ、興奮せずに集中します。

撃墜した瞬間に思うのは、『勝った』ということです。敵機が燃え、墜落していきます。

雲の上から見ていると、雲に反射して敵機の炎が見えます。その後、どこかに激突です。イギリス軍がドイツの都市に爆弾を投下するのを何としても防ぐというのが、私の信念でした。出撃するモチベーションでした。イギリス軍がドイツの一般市民の上に爆弾を投下するテロ攻撃を妨害するのだから良い仕事なのだ、と信じていました」

時には、ヴィルヘルムさんの乗る機が、爆撃機を護衛するイギリス軍の夜間戦闘機に撃ち落とされることもあったが、無線通信士、航空機関士とともにパラシュート降下して生還し、再び夜の空へと飛び立っていった。

そんなヴィルヘルムさんが、最も脳裏に焼き付いていると語ってくれたのが、ドイツ西部ライン川の中心都市ケルン上空で見た光景だった。ケルンは、連合軍により投下された

ヴィルヘルムさんの自宅の居間に飾られた、夜間戦闘機仕様のユンカース88

爆弾の総量が戦争終結までに四万トンを超え、ベルリンに次いで最も多くの爆弾が投下された街だった。一九四四年一〇月二八日から一一月一日まで続いた空襲では、一九〇〇機の爆撃機が九〇〇〇トンの爆弾を投下し、街を完全に壊滅させた。

「敵機襲来の報告を受け、飛行場を離陸すると、地上の師団司令部から『敵の爆撃目標は、ケルン方面』と知らされました。私たちは発進時、ケルンも含めた周辺のすべての都市の位置を把握していたので、すぐさま機首を向けました。飛び立って三〇分後にはケルン上空に到着しました。すでに爆撃機が爆弾を投下した後でした。火が燃え広がり、巨大な火災となり、上昇する熱気で、雲が濃くなっていました。

ただ、空襲はこれで終わりではありません。炎は、次にやって来る爆撃機の目標となります。そこを目印に、さらに爆弾が投下されるのです。街が燃え上がっただけで終了、ということではないのです。爆撃機は一定間隔で飛来し、爆弾を投下し、火災が広がっていきます。熱気が上昇し、雲がさらに濃縮されていきます。

私はその光景を、六五〇〇メートル上空から見ていました。その高度から下を見ると、地上の炎が巨大な光源となり、雲に遮られて、拡散光となります。その隙間から炎の海が見え、都市が燃えているのが分かります。

想像力があれば、とにかく恐ろしい事態であることは、すぐに分かります。拡散光の下で行われているのは、楽しい花火ではなく、狙い撃ちされた爆撃なのです。そこにいる大部分が、女性と子どもたちです」

Q．どのような思いで、それを見ていたのですか？

「無力感です。何も防げないのだという。それと同時に、『こんな非道なことを』という憤りもありました」

敵への憤りだけではなく、ヒトラーに対する怒りは湧いてこなかったのか。それはどうしてなのか。僕はヴィルヘルムさんにも、質問を重ねていった。ユダヤ人の父をナチスによって奪われてもなお、ヒトラーを疑わなかったという彼は、ドイツが破滅への坂道を転げ落ちているさなかにあっても、それは変わらなかったという。きわめて理知的なヴィルヘルムさんでさえ、みずからが生きる社会

道端に積み上げられた子どもの遺体を前に立ち尽くす女性（ケルンにて撮影）

© 21st Century Studio

の常識に縛られ、そこから抜け出せずにいた。世界の歴史上、あまたの国が興亡を繰り返し、僕が生まれた日本という国も、今からたった七五年前に滅亡の淵にまで追いやられたわけだが、滅びゆく国に生きるとはそういうことなのかもしれないと考えながら、彼の言葉に耳を傾けた。

「私は、ナチ党が幅を利かせる政治状況の中で育ってきました。私は当初から、シンパだったのでしょう。ショル兄妹のように抵抗運動に入る勇気はありませんでした。

彼らはチラシを配布し、捕らえられ、処刑されました。その時に処刑されたショル兄妹と友人クリストフ・プローブストは、皆、私と同じ年頃です。兄のハンスは一九一八年生まれ、妹のゾフィーは一九二一年生まれ、友人クリストフは私と同じ一九一九年生まれ。皆、近い年齢です。でも私はショル兄妹らのように、人生を賭けヒトラーと戦うようなスケールは持ちませんでした。『今こそ、ヒトラーに反対し、命を捧げる時なのだ』、これが、ミュンヘン大学の学生たちの『白バラ抵抗運動』でした。彼らはただちに、その代償をみずからの命で払うことになりました。そういう人間としてのスケールは、私にはなかった。私には、人生を賭ける覚悟はなかったのです」

私は生きている。ただ、私は生きている

ヴィルヘルム・ジーモンゾーンさんのように脇目を振らず邁進《まいしん》できる任務が目の前にある人は、まだ幸せだったのかもしれない。弟のように可愛がっていた五歳年下のユダヤ人少年ハンジー君を連行され、「口を手で隠して生きていた」というエーファ・ティムさんは、望まない戦争が身近に迫ってくる中、そこから目を背けることで、生きる希望を見いだしていた。

一九四三年三月一日に行われたベルリンへの空襲により住んでいたアパートメントを焼け出されたティムさん一家は、ベルリンの西郊、オリンピックスタジアム近くの住宅街で下宿住まいをし、夜間、空襲警報が鳴るたびに近くにある地下鉄のノイ・ヴェストエント駅に駆け込むという日々を送っていた。そんな彼女にとって、心の支えとなったものとは「映画」だった。しかもそれは、ナチ党の息のかかったプロパガンダ映画ではなく、ファンタジックな夢と希望に溢れたものだった。驚いたことに一九四四年秋から冬にかけてのベルリンでは、厳しい現実から目をそらし、国民の厭戦気分をやわらげるために、戦争とはまったく無縁な映画や演劇の上演が盛んに行われていたという。ティムさんにとって、ノイ・ヴェストエント駅からベルリンの中心部方向へ八駅行った先にある「タウエンチエン通り」にある映画館で過ごす時間が、辛い現実を忘れさせてくれる、唯一の時だった。

「私が映画館で見た中で一番心に残っているのは、『白い夢』という映画です。オリー・ホルツマン主演の。彼女の歌を覚えています。正確に覚えています。

映画の前には、必ず週間ニュースが流れます。いつも通りドイツ軍が勝利を収めたというニュースでしたが、その後の映画に、心を摑まれました。『色とりどりの風船を買いましょう』という主題歌は、今でも歌えますよ。

『色とりどりの風船を買いましょう。
手にしっかり握って。思い浮かべて。
彼は一緒に遠いメルヘンの国に飛んでいく。
ダダディ・ララ……』

と続きます。なぜ覚えているのかしらね……?」

Q. 当時、現実逃避したい願望があったということですか?

「ええ。そのためにこれらの映画があったのです。世界は、素敵に見られないといけません。大戦末期は、ベルリンではレビューの花盛りでした。人びとを楽しませる必要がありました。すべての醜悪な現実を忘れさせるのです。陶酔に浸らせるのです。すると素敵なことを考えます。

映画館に入って座り、音楽を聴き、美しい映像を見る。自分もまだ若い。いくつだったかしら？一六歳、一七歳、一八歳……。美しい世界を夢見るんです。若者は夢を見るのです。夢心地で映画館を出た時の気持ちを、よく覚えています。今でも、あの衝撃を思い出します。一歩映画館の外に出ると、灯火管制で街は暗く、寒々しい現実が待っているのです。映画を見ている間は空腹も感じませんでしたが、一歩外に出ると、『ああ何々が食べたい』となるのです。おぞましい現実に戻るのです」

Q．その時期に、自分を保てたのはどうしてですか？何が慰めでしたか？

「何だったでしょう？私は生きている。ただ、私は生きている。その日その日を、生きることです。空襲から次の空襲へ。それでも生きている。それでも実際に普通の日常生活がありました。今日も生き、明日も生きる。今の世の中とは、まったく違います」

この頃、ドイツは滅亡の淵にあった。一九四四年六月六日にアメリカ・イギリス軍を中心とする連合軍がフランスのノルマンディー沿岸に上陸してドイツを西から攻撃し、そのおよそ二週間後の六月二二日、独ソ開戦から三年となる節目の日にはソヴィエト軍が東から大攻勢に転じ、ドイツ軍は東西の戦線で総崩れとなった。そして一九四四年末には、ついにドイツ本国が戦場となる。同盟国イタリアはすでに一九四三年に降伏しており、日本は絶望的な体当たり攻撃「特攻」で米軍を迎え撃っていた。日本もドイツも、もはや、勝つか負けるかではなく、どう負けるかが問題となっていた。

ドイツにとって「よく負ける」ための事実上最後のチャンスが、一九四四年七月二〇日に実行に移された、陸軍将校を中心とするヒトラー暗殺計画だった。ヒトラーを暗殺し、政権をナチ党から奪還して戦争を終わらせようと目論んだシュタウフェンベルク大佐らのグループは、総統大本営の「狼の巣」で行われていた作戦会議のさなか、ヒトラーの足元に時限爆弾入りのスーツケースを仕掛けて議場を後にしたが、爆発直前、ひとりの参加者がそのスーツケースを少し脇にずらしたためヒトラーは致命傷を免れた。そして、シュタウフェンベルク大佐以下、この暗殺計画に加わった者は民族裁判にかけられ、二〇〇人近くが処刑された。こうして、ドイツ人自身の手で、みずからの犯した過ちに決着をつける機会が、永遠に失われた。

一九四五年一月三〇日、ヒトラーが政権を握って一二年目となる節目の日、久々にラジオからヒトラーの演説が流れてきた。会場は、ベルリン・ブランデンブルク門近くの首相官邸に掘られた「総統地下壕」。ひとりの観客もなく、静まり返った部屋に、ヒトラーの声だけが響き渡る。長さは一五分五〇秒と、例年に比べるとやや短めだ。いつもの演説と同じように、最初は静かに、だが全盛期の頃に比べれば弱々しい声で「ドイツ国民の皆さん、国民社会主義党員の皆さん」と語りかけている。そして、これまた例によって、みずからが政権を握る前のドイツの困窮ぶりと国民社会主義運動が成し遂げた成果を得意げに語り、今回の戦争は世界を蹂躙しようとするボリシェヴィキ（共産主義者）に対する「聖戦」だったのだと自己弁護をし、このボリシェヴィキと手を組むヨーロッパ諸国には破滅的な「運命」が待っていると予言をした後、最後の四分半の間、こう訴えかけた。

「ドイツはこの運命を決して甘受すべきではない！
それを保証しうるのは、一二年前にわが国の内政において勝ち取った勝利である。
仮に金権政治とボリシェヴィズムの陰謀が勝利を得たとして、我々の敵が何を企み、いかなる苦痛をドイツの都市や地方そしてわが国民に強いようとも、
我々を襲ったあの改善不可能な困窮と不運に比べれば、その苦痛は色褪せて見えよう。
だからこそ、政権獲得の一二年目のこの日に、
我々の努力が遂に勝利によって飾られるまで、
どこでも、いかなる条件下においても、心を今まで以上に鍛え、
厳粛なる決意を胸に固持し、武器を手にしていくことが必要なのだ。
私は今日この日に、もうひとつの疑念を払拭《ふっしょく》しておきたい。
周囲のあらゆる敵意にもかかわらず、私は心の内にわが道を選択し、

無名の人間として遍歴し、最終的な成功に至った。
幾度も私の死が噂され、また幾度も死が望まれた。
しかし私は最後には、勝利者となってきた！
私の今日ある命は、ただ私に課せられた責務によって定められているのだ。
その責務とは、総じて言うならただひとつしかない。
すなわち、わが国民のために働き、わが国民のために戦うことである。
この責務から私を解放できるのは、私にこの使命を与えた神だけである。
これは神の摂理である。
七月二〇日には私の横、一メートル半ほどで爆弾が爆発し、
私を滅ぼし、この生涯を終わらせようとしたが、
全能の神がこの日私を守護したことこそ、私に課された責務を裏付けるものである。

したがって、私は来る年々、わが国民の関心を妥協なしに代行し、
いかなる窮地にもいかなる危険にも惑わされず、この道を突き進むだろう。
負うべき責めに見合わない重き宿命から国民を救うことのみを決意してきた者を、
全能の神は、最後に見捨てはしないという確信に突き動かされながら。
だからこそ、私は全ドイツ国民に向け、
私の永き闘争の同志たちと全兵士たちに、

より強力な抵抗の精神で武装することを呼びかける。
我々が、かつてそうしたように、この凄まじい戦いの死者たちの墓に、
『諸君は勝利した』と記したリボンの付いた花冠を捧げることができるその日まで。

私はドイツ国民ひとりひとりに、
ひとりひとりが捧げた、あるいは捧げねばならない犠牲に対し、
みずからの義務を果たすことを望む。

私は健康な者が誰でも、闘争に命を賭け参加することを望む。
私は傷病人や苦しむ者ひとりひとりが、最後の力を振り絞って働くことを望む。
私は都市に住む者たちが、この戦いのために武器を鍛造することを望む。
そして農夫たちが自分の取り分を最大限制限し、
兵士たちや、この闘争のために働く者たちにパンを提供することを望む。
私は婦人と少女たちひとりひとりが、
今までと同様に最高の熱意を持って援護することを望む。
私はここで格別の信頼をドイツの青少年へ寄せる。
我々はかくも団結した共同体を形成しているがゆえに、

全能の神の前に進み、憐れみと祝福を請う資格を有する。
なぜなら、国民がすべきこととは、
自由と国家の誇りと生きる未来を守り抜く唯一の意志で満たされながら、
戦える者がすべて戦い、働ける者がすべて働き、
一丸となって犠牲を払うことにほかならないからだ。
現下《げんか》の危機がいかに重大であろうとも、我々の不屈の意志によって、
我々の犠牲的精神によって、そして我々の能力によって、
この危機は最後に克服されるだろう。

我々はこの窮地を必ず脱する。この闘争において、
我々は中央アジアを制するだけではなく、ヨーロッパを制するだろう。
そして、頂点には、一五〇〇年間にわたり東方に対するヨーロッパの覇権を代表し、
また未来においても代表し続ける国家、
我々の大ドイツ帝国、ドイツ国家が座するのだ！」

この演説が、ヒトラーが国民に呼びかけた最後の言葉となった。一九二一年にミュンヘンのビアホールで始まり、人びとを熱狂させた稀代の演説家のステージは、それから二四年後、ベルリンの地下壕の中で、寂しく幕を下ろしたのである。この、絶望に満ちた、現

実味のまったくない演説を国民はどのような思いで聞いていたのか。今回、この演説をリアルタイムで聞いた人に会うことはできなかった。皆、敗戦直前の混乱の中、ラジオに耳を傾けているどころではなかったからだ。だが、ヒトラーが「格別の信頼を寄せる」とした青少年たちの中には、この期《ご》に及んでもなお、ヒトラーに絶大なる信頼を抱き、勝利への望みを捨てず、戦場に赴こうとする者が、たくさんいた。

ベルリンの郊外で高射砲部隊の一員として防空任務に就いていたブロックマンさんは、その後海軍に志願し、一九四五年一月二日、ベルリン北方の守りにつくため、両親に見送られて任地へと向かった。彼はその後、激戦を生き抜き、エルベ川の東のほとりでソヴィエト軍の捕虜になるのだが、ベルリン攻防戦に巻き込まれて死亡することになる父親とは、これが最後の別れとなった。

Q．どうして志願したのですか？

「ドイツを救いたかったからです。自分も早く参加せねばという気持ちでいっぱいで、軍への入隊が遅すぎるのではと不安でした。当然のことです。ともに戦いたかったのです。勝つのは、敵か我々か。最後は我々だ、と。

『自由の旗　自由とパンのため

旗はひるがえり　我々を前に進める
我々は手に手を取って　未来に向かう
総統のため　夜も困難も超えて行進する
そうだ　旗は死よりも大きい』

『前へ！前へ！（Vorwärts! Vorwärts!）』という歌を、皆で勇ましく口ずさんでいました」

Q．その時点でも、ドイツの勝利を信じていたのですか？

「ええ完全に。固く信じていました。確信と言ってもいい。ヒトラーは常に、戦局を挽回する奇跡の兵器の完成が近いと語り、私たちに期待を呼び起こしました。実現はされませんでしたが、奇跡の兵器が現れるのだと、皆、信じていました」

同じく、ドイツの勝利を疑わなかったと語っていたのが、かつてヒトラー・ユーゲントの代表としてナチスの党大会に参加し、「いずれ、総統のために命を捧げよう」と仲間と誓い合った、クラウス・マウエルスハーゲンさんだった。一九四三年七月、一八歳の時に陸軍に志願したマウエルスハーゲンさんは、半年間の基礎訓練の後、ヒトラー・ユーゲントで鍛えられた統率力を買われ、下士官になるための特別教育を受けることになる。そして、ノルマンディー上陸作戦後、西部戦線に投入されて実戦経験を積み、士官候補生となって東部戦線のポーゼン（現ポーランドのポズナン）に送られ、その地でソヴィエト軍を迎え撃つことになる。一九四五年一月、少尉となっていたマウエルスハーゲンさんは、一〇〇人近い部下と共に要塞に立てこもり、戦い続けていた。

「私たちはソヴィエト軍に包囲されました。それにもかかわらず、ドイツ軍により解放され、ドイツが勝利すると確信していました。でなければ戦闘を続けるはずがありません。信じなければ逃げて脱走兵になったはずです。脱走兵もいましたが、私たちの部隊にはいなかった」

Q．どうして、ドイツの勝利を信じられたのですか？

「私は士官、軍に属する者として最後まで戦う義務があったからです。私たちにとって当然のことでした。父も第一次世界大戦の時にそうしましたし、あまりにも当然のことで考えたこともありません。ポーゼンの要塞で戦った部隊には、士官候補生が多くいました。士官候補生とは士官を目指す者たちで、選ばれた者たちです。最高の選りすぐりです。あっさり退却した部隊もありましたが、私たちはそうではなかった。最後まで踏みとどまったのです」

なぜ勝利を信じられたのか、という問いに対する答えは、「当然のこと」という言葉以外、得られなかった。この要塞は、二週間近く敵を食い止めた。マウエルスハーゲンさんも左手に銃弾を受け、負傷したまま戦い続けていたが、やがて彼らにも、最後の時がやってくる。二月二三日、ソヴィエト軍の総攻撃が始まり、ドイツ軍は降伏した。

「要塞内の最後の日々は、過酷なものでした。通路には数百人の負傷者が横たわっていました。ソヴィエト軍はこの負傷者たちを火炎放射器で、生きながらにして焼き殺したのです。おぞましい状況でした。降伏した将兵は、兵員は左、士官は右に分けられ、二月のまだ寒い中、市街を行進させられました。ポーランド人に罵倒され、石を投げつけられ、ツバを吐かれました。恐ろしいことでした」

Q. 捕虜になった時、何が頭に浮かびました？

「恐ろしい。もう終わりだ。私の任務は終わり、もう士官ではない。ひどい事態です。私たちにとって、ひどい事態でした」

Q. その後、ドイツの敗戦を知った時は、どう思いましたか？

「身の破滅です。終わったと理解できなかったが、信じるしかなかった。戦友たちと話し合いました。帰還したらどうしよう。家族とは手紙のやりとりもできず、消息も分からなかった。生きているかも不明でした。ソヴィエト軍からの食物の支給は不足して、ひどい飢えに襲われました。とにかく、ひどかった」

幼い頃からナチスの支配下にあった若者たちとは違い、人生経験を重ねた者の中には、最後の時を冷静に見つめている人も多かった。夜間戦闘機の操縦士として炎に包まれる街を上空から見つめていたヴィルヘルム・ジーモンゾーンさんは、ナチ党の終焉を敏感に感じ取っていた。彼は、一九四四年一一月に敵爆撃機を迎え撃った際に被弾し、やっとの思いで飛行場に着陸したものの、飛行機は大破し、あご骨や肋骨、大腿骨などを骨折し、療養生活を余儀なくされる。退院後、リハビリも兼ねてベルリン西郊のガトウ飛行場で軍の高官を輸送する任務に就いていたヴィルヘルムさんは、すでにこの時二五歳、ドイツ軍の一員として戦い続ける自分の未来に、希望を抱かなくなっていた。

「前線が迫り、アフリカ、バルカン半島、どこからも撤退の知らせばかりでした。あとはどうやって生き延びるか考えるべきだと、私にも分かりました。病院には、あらゆる戦場から搭乗員が来ていました。会話を交わす中で、この戦争の行く末は良くないと一〇〇％の確信を抱きました。
それは私が、操縦士特有の『俯瞰目線』で見ていたからでしょう。操縦士は自立していて、歩兵たちとは違う視点がありました。歩兵というのは、『背後からの恐怖が、前方からの恐怖より大きいなら、前進しようという衝動を抱く』ものです。歩兵の場合、所属する中隊の中でも、常に下士官や将校の眼が光っていますからね。一方、飛行隊では、個人で行動する局面も多くなります。戦争の最終段階でも、比較的自由に行動できました」

そしてヴィルヘルムさんは、「これ以上戦うのは無益」と判断した戦争に、みずから幕を下ろす決断をする。ある日彼は、小型連絡機「Fi 156」を操縦し、オーストリアの航空基地まで単独飛行せよという命令を言い渡された。だが彼には、その任務を遂行しようという意思は残っていなかった。畑に不時着し、操縦桿を引き抜き、その操縦桿を使って機体を破壊したのち、着ていた軍服を処分し、農民に身をやつして潜伏する道を選んだのだ。ドイツがアメリカ、イギリス、ソヴィエトに降伏する直前、一九四五年五月三日のことだった。

「私はもう軍人ではありませんでした。制服は捨て、持っていた銃は池に捨てました。今も池の中でさびているかもしれません。アメリカ軍が来た時、私はすでに農民でした。

あなたは今、こうお聞きになりたいのでしょう。『敗戦と聞いた時、どんな気持ちでしたか？』と。心が軽くなりました。軽くなったのです。ついに殺し合いが終わるのだと」

ヒトラーが立てこもる首都ベルリンにも、最後の時が迫っていた。東からはソヴィエト軍が、ドイツ軍への報復としてあらゆる残虐行為を働きながら、猛烈なスピードで進撃を続けていた。逃げ遅れ、戦闘に巻き込まれる市民も多く出る中、ユダヤ人少年「ハンジー」の幼馴染だったエーファ・ティムさんは、母親と共にベルリンから出発する電車に乗り込み、西へと脱出することに成功した。そして、エルベ川沿いの街、ラウエンブルクにいる知り合いのもとに身を寄せた。この街は、西から迫るアメリカ・イギリス軍、東から迫るソヴィエト軍、ちょうど双方の境界にあたる場所にあった。ある日、銃声を耳にしたティムさんらは、家の地下室に駆け込み、運命に身をゆだねた。

「隣人たちも地下室に来て、耳を澄ませていました。すると突然、上の階を歩き回る足音が聞こえたのです。そして私たちは閉じ込められました。地下室のドアの鍵が、外からかけられたのです。当時、連合軍は『人狼部隊《じんろう》』を怖がっていました。人狼部隊とは、親衛隊員やヒトラー・ユーゲントなど熱烈なナチ支持者からなる部隊で、地下に潜ってゲリラ活動をしていました。この地下室に、人狼部隊が隠れているのではないかと恐れ、閉じ込めたのです。ここで私の母が、勇敢にも立ち上がりました。階段を上り、ドアを叩きながら英語でこう叫んだのです。『外に出してください、中にいるのは女性と子どもだけです』と。男性も二人いたのですが……。するとしばらくして、ドアが開きました。そこにいたのは、イギリス軍でした。

外に出ると、すばらしい好天でした。みんな庭に出て、若者も年寄りも一緒に座りました。そしてドイツの民謡やドイツの流行歌を歌いました。歌ったのです。本当に嬉しかった。戦争が終わった！と心の底から実感しました。

すると不思議なことが起きました。イギリス兵が私たちのところに来て、一緒に座ったのです。彼らも、庭に座り、歌を歌うのを素敵だと思ったのでしょう。彼らにとっても、戦争は終わりに近づいていました。私たちと同じように、彼らもまた、解放されようとしていたのです」

最終章
呪縛、それから

「良いナチス」と「悪いナチス」

見晴らしの良い高台にあるその墓地は、山間の小さな町の中でも特に、暖かな光に包まれる場所にあった。二〇一八年一〇月の晴れた日の午後、僕はドイツ南部・ベルヒテスガーデンの中心部にある教会の敷地内を、この街で生まれ育ったルートヴィッヒ・シュレアーさんと歩いていた。彼の自宅で二日にわたり撮影を続けてきたが、最後のインタビューに入る前に、休憩も兼ねて散歩に行こうと誘われたのだ。

「私が小さかった頃、この教会に通いました。父は信心深いカトリックで、私たちが教会に通うように勧めました。『息子よ、人には信仰が必要だ。何か信じられるものがないといけない』と」

この墓地を囲む壁には、名前や生年月日に加え、亡くなった場所やその時の状況などが刻まれた特別なレリーフがずらりと並ぶ一角がある。この街から出征し、ヒトラーの引き起こした戦争を戦い、死んでいった若者たちの墓碑だ。人口五〇〇〇ほどのベルヒテスガーデンの街は、三〇〇人を超える戦死者を出した。ひとつのレリーフがひとりの墓碑になっているものが多いが、中には、三人、四人の兄弟が一緒に刻まれているものもある。

これらレリーフの多くには生前の顔写真が埋め込まれており、かつてこの街に、ひとつひとつの人生が確かにあったことを感じさせてくれる。その大半が二〇歳前後で、戦争末期になると、壮年の戦死者も増えてくる。

「たくさんの知り合いが、死んでいきました。このヘルツェルさんもそのひとりです。亡くなった時、四三歳でした。腕の良い大工で、優れた職人でした。手仕事の神髄を理解している人でしたね。雑貨屋を営んでいたわが家によく買い物に来ましたが、陽気な人でした。口を開くと冗談ばかりで。母はいつも彼と一緒に話して、楽しそうでした」

このヘルツェルさんを偲び、家族が墓碑に刻んだ詩を、シュレアーさんは彼のことを思

ベルヒテスガーデンの中心部にある墓地。壁面に戦死者のレリーフが並ぶ

うたびに心の中で反芻しているという。

「別れの痛みは辛く、私の心は今、砕けそうだ。

英雄として我々のために早すぎる死を迎えたあなたを忘れることはない。

今となっては何も与えることができず、何をもってしても喜ばせることもできない。

あなたの住んだ丘に、花を散らすこともかなわない」

この墓地には、第二次世界大戦の戦死者だけでなく、ナチズム運動を主導した重要人物もまた葬られていることを、シュレアーさんは教えてくれた。ナチ党の創始者のひとりで、演説家としてのヒトラーの才能を見いだした、ディートリヒ・エッカートだ。「反ユダヤ主義」を唱える民族主義者だったエッカートは、

複数の戦死者が刻まれたレリーフも多くある。この家庭では1939年から1944年にかけて3人の兄弟が戦死した

若き日のヒトラーに大きな影響を与えた。そしてヒトラーとともに一九二三年のミュンヘン一揆を引き起こし、一揆の失敗後に逃れてきたベルヒテスガーデンでモルヒネ中毒による心臓発作で死に、この墓地に埋葬された。ヒトラーは、谷を挟んで反対側の斜面にあった別荘を訪れる際、しばしばこの墓地に立ち寄り、花を手向《たむ》けたという。

　戦後、ナチスが行った蛮行の実態が明らかになるにつれ、住民の中からは、エッカートの墓を撤去しようという動きが湧き起こった。最終的には、この墓地が保護文化財に指定されていたため実現には至らなかったのだが、撤去に反対した住民がいたことも大きな理由だった。そのひとりが、シュレアーさんだった。「どうして反対したのか？」と尋ねた僕に、彼は、彼の信じるあの「テーゼ」を、再び述べた。

1943年12月21日に東部戦線で戦死した19歳の青年の墓碑

「ナチズムは、第一次世界大戦で混乱したドイツを救いました。一九三九年に戦争を起こすまでは、正しい道を進んでいたのです。その前に死んだエッカートに、罪はありません」

なぜシュレアーさんは、これほどまでに「良いナチス」と「悪いナチス」の区別にこだわるのか。シュレアーさんの自宅に戻り、話を聞いていくと、信心深かったという父親が歩んだ苦難の人生が関係していることが分かってきた。

ナチ党に共感し、ヒトラーの首相就任後に突撃隊の一員となった同名の父ルートヴィッヒさんは、戦争が始まった一九三九年に、他の突撃隊の仲間たちと共に東部戦線へと送られた。最前線で戦う正規部隊である「国防軍」とは違い、突撃隊は、国防軍の後方補給や、占領した地域の統治を担っていた。それらの仕事に、駆り出されたのだ。五年間、ポーランドやウクライナなど東部戦線で働いた後、ドイツ軍の後退とともにオーストリアへと引き上げ、アメリカ軍の捕虜となった。無事帰宅したものの、やがて戦争犯罪を裁く裁判にかけられ、ベルヒテスガーデン近くの岩塩の鉱山で、一年間の労役を命じられたという。

突撃隊の制服を身に着けた父
ルートヴィッヒさん

「私の父が所属したのはＳＡ（突撃隊）であって、ＳＳ（親衛隊）ではありません。でも、アメリカの軍政府が証拠とした書類に名前があったため、裁判にかけられ、戦争犯罪人として判決が下されました。父はつるはしとシャベルで、囚人のように働かされました。父が働いていた塩鉱が、うちのバルコニーから見えます。時々、父に会いに行きました。心が痛みました。この時五〇歳だった父は、捕虜生活のせいで、健康ではなくなってしまいました。精神も肉体も、やられてしまいました」

Ｑ．囚人となったお父さんを、どのような思いで見ていましたか？

「心から血が流れる思いでした。父が辛かったのを知っていましたから。戦争に行く前の父は、困った人が助けを求め、しばしば訪ねてくるような人でした。そんな時、父は必ず、店の商品を何か持たせて、帰らせます。いつでも人を助けていました。心の清い人物だったのです。教会に通うよう私を諭し、昼間、ヒトラー・ユーゲントの活動で教会に行けない時は、夜のミサに連れていってくれました。本当に魂の清い人だったのです」

どうして父が戦争犯罪に問われたのか、シュレアーさんはそれ以上詳しく知らなかった。少なくとも、知らないと語った。僕たちも独自に調べてみたが、彼の父に関する資料を探し出すことはできなかった。父ルートヴィッヒさんが、戦争犯罪に加担したのか、あるいは濡れ衣だったのか、真相は分からないままだが、僕はシュレアーさんのインタビューを通じて、身内を弁護しようという思いのあまり、歴史的事実がゆがんだ形で記憶され、伝えられる危うさを、感じていた。

父は突撃隊（SA）であり、親衛隊（SS）ではなかったとしきりに言うシュレアーさんに、僕は、尋ねてみた。

Q．お父さんはあくまで突撃隊（SA）だったと強調するのは、なぜですか？

「親衛隊は罪の重い存在でした。親衛隊は強制収容所の運営を担い、数々の虐殺に加担した責任があります。それを実行したのが親衛隊です。突撃隊は似た組織かもしれませんが、穏健でした」

Q．確かに親衛隊（SS）の犯した罪は重いですが、突撃隊（SA）もナチスとヒトラーの政治を支援しましたよね？

「もちろん。でも、親衛隊（SS）ほど過激ではなかった、ということです。SAは元々は、ロビーを警護する部隊でした。ヒトラーが演説をするビアホールなどにいて、警護したのです。秩序を保持し、静粛を保つのが任務でした。

父は、時代の追従者に過ぎません。突撃隊に所属することは、社会人としてのマナーのようなものでした。少年たちにとってヒトラー・ユーゲントに所属することが義務だったみたいなものです。自分で決めることはできません」

だが、すでにこの本を通して見てきたように、一九三三年一月三〇日、その突撃隊による「たいまつ行進」が幕開けを告げたヒトラー政権下で、突撃隊員は他の政党を弾圧し、ユダヤ人迫害の先頭に立ち、一九三八年一一月の「水晶の夜」では国中で破壊と略奪を行った。彼らは、ナチスが行う恐怖政治を体現する存在そのものだった。確かにベルヒテスガーデンには、ユダヤ人が迫害されたという記録はほとんどなく、「つまずき石」はひとつもない。「水晶の夜」の際にも、略奪行為は報告されていない。だが一方で、ヒトラーの別荘が建てられ、ナチ党の施設が次々と造られていく中、無理やり立ち退きを命じられ、抵抗して収容所に送られた人間もいた。その先頭に立ったのは、突撃隊だった。

シュレアーさんは、信心深く人の良かった父が突撃隊員だったという「不都合な真実」の辻褄を合わせるため、突撃隊という存在が犯した本源的な罪に目をつぶってしまった。そしてそうした姿勢は、シュレアーさん自身にとっても、ヒトラーという指導者を熱烈に支持したという事実と向き合ううえで、大きな影響を及ぼしていたのかもしれない。

そのことを一番感じたのが、すでに述べたように、シュレアーさんに、一九三四年のナチス党大会の映像を見てもらった時のことだった。今回の撮影では、インタビューをするにあたり、携帯型のスクリーンと小型映写機とを持ち歩き、当時のさまざまな映像に皆さんがどう反応をするかも記録していたのだが、演説するヒトラーが映し出された瞬間、シュレアーさんは目をランランと輝かせ、「すごい！生き生きとしていますね。私の知るヒトラーです！」と感嘆の声をあげた後、このように述べた。

「ヒトラーは、私たちの総統でした。彼を尊敬のまなざしで見ないといけませんでした。ヒトラー・ユーゲントで、その時が来たら、武器を手に取り祖国を防衛せよと教育されたのです……。夢中になって参加し

スクリーンに映し出された演説映像を見るルート
ヴィッヒ・シュレアーさん

たのは、流れに逆らえなかったからです。それが趨勢《すうせい》だったので、一緒に行動するしかありませんでした。そうするしかなかったのです」

ヒトラーという独裁者の言葉を信じ、彼の野望を熱烈に支持し、数千万の犠牲者を生む戦争を結果的に後押ししてしまったドイツの人たちは、その事実とどのように向き合ってきたのか、それが、今回の取材を通して僕が尋ねたかった最後のテーマだった。

ヒトラーからの「解放」

ナチ党を支持する両親に育てられ、ヒトラー・ユーゲントでユダヤ人排斥を叫び、ハンブルクの空襲被害を目のあたりにしてもなお勝利を信じ、「総統が命じ、我々は従う」と海軍に志願したヴォルフガング・ブロックマンさんは、ソヴィエト軍の捕虜となり、フィンランドの東隣にあるカレロ＝フィン共和国にあった捕虜収容所で四年間過ごしたのち、一九四九年三月にベルリンへと戻ってきた。捕虜収容所で、映画などを通じて「ナチスが犯したおぞましい犯罪について教育され、心が揺らいだ」というブロックマンさんは、生まれ変わった新生ドイツに希望を託していた。

その頃ドイツでは、社会主義のソヴィエト軍が占領した東側の地域と、アメリカ・イギリスを中心とする資本主義陣営が占領した西側の地域との間の溝が、後戻りできないところまで広がっていた。一九四九年の五月二三日には暫定憲法として「ドイツ基本法」が公布されて「ドイツ連邦共和国（西ドイツ）」が発足し、それに対抗して東側でも、一〇月七日に「ドイツ民主共和国憲法」が発効して、「ドイツ民主共和国（東ドイツ）」が成立した。この新たに発足したふたつの国にとって、戦前のドイツの人口の一割にあたる八〇〇万を占めていたナチ党員をどう処罰し、新たな社会をどう築いていくかが大きな問題だった。ナチ党は国家機構の隅々にまで浸透し、社会を牽引する階層の多くがこぞって入党していたからだった。

西ドイツ地域では、公務員の三分の一が解雇され、学校教員の多くが職を失うなど、社会全体で「非ナチ化」が進んだが、東側陣営との対立が深まり、国の再建が最優先課題となる中で形骸化し、多くの「元ナチ党員」が社会のあらゆる階層に復権していった。

片や東ドイツ地域では、終戦時、ソヴィエトの報復を恐れてほとんどのナチの大物が西側に逃れていたが、組織の末端まで「非ナチ化」は徹底して進められた。その中心となったのが、モスクワなどに亡命していたドイツ共産党員だった。こうして東ドイツは、ソヴィエト式の新たな全体主義に染まっていった。そのため、ナチズムという全体主義を生み出したドイツ国民の責任については、結局うやむやとなり、ナチズムの何が問題だったのか、深い省察が行われることは、ほとんどなかった。

だがブロックマンさんにとって、少なくとも表向きはナチズムに批判的なポーズをとる東ドイツという国は、ナチ党と決別し、新たな人生を歩み出すうえで、大きな拠り所となっていた。

「東ドイツでは戦争で不当な利得を上げた者は、権力から追われました。悪魔は追放され、新しい社会主義ドイツが私を救いました。一方西ドイツでは、軍の高官や資本家が権力にとどまり、巨大な軍需産業がそのまま引き継がれ、伯爵も男爵も社会的な力を失っていませんでした。『これから私たちが造る国こそが、ファシズムも資本主義も忘れ去ることができるのだ』と強く信じました。それが私の救済でした。

ただ、ヒトラーの呪縛から解放されるのは、本当に長い、長い道のりでした。あらゆる時代を通して最も偉大だと信じていた総統は、実際はまったくの無知だったと受け入れるのは、簡単なことではありませんでした」

最初この言葉を聞いた時、ブロックマンさんの言う「解放」とは、ヒトラーが大衆に吹き込んだ人種的偏見や選民思想、ひいては、国家のためにひとりひとりの人間がないがしろにされる全体主義的な思想などからの「解放」をも意味しているのだと思い込んでいた。しかし、話を聞いていくと、彼の一番こだわっていた「解放」とは、「軍事の天才」としてのヒトラー像からの「解放」を意味していることが明らかになってきた。

「ヒトラーはさまざまな戦場で、誤った決断を下し、戦争を無駄に長引かせ、多数の兵士が命を失いました。彼より賢明な司令官たちの決断に反する決定を下したためです。例えばダンケルクでは、イギリス軍を包囲した戦車隊に対し、攻撃中止の命令を発しました。その命令さえなければ、戦争は別の展開になった可能性もあります。スターリングラードで下した最高司令官としての命令なども、本当にありえない愚行でした」

戦争の展開次第では、別の未来もありえたのではないかというブロックマンさんのこの言葉を聞いた時、僕は、もしかしたら彼の中には、どこかヒトラーの時代で否定したくない部分、ヒトラーの呪縛から解き放たれていない部分があるのではないかと強く感じた。そしてインタビューの最後、次のような質問を投げかけてみた。

Q．ヒトラーの演説は、良かった点、悪かった点を含め、あなたの人生にどのような影響を与えましたか？

「少年時代を振り返ると、ヒトラーの言葉こそが、あのように生きたいと強く望ませたのです。今も心に強く残っているフレーズがあります。『グレーハウンドの如く敏捷《びんしょう》に、革の如く強靱に、クルップ鋼の如く頑強に』。若者ならば無駄なことに時間を過ごさず、スポーツに励む。それは私たちの理想でした。スポーツに励み、敏捷で、鋼のように強く、堕落せず、失敗しない。歯を食いしばり、やり抜く。現代でも、どこか認められる生き方ではないでしょうか」

だがこの勇壮な言葉こそが、多くの純粋な若者たちを、戦争へ、そして諸民族を巻き込む空前の大殺戮《だいさつりく》に駆り立てていく禁断のフレーズだったことは、歴史が証明しているし、今回のインタビューでも実証された。第二次世界大戦中、ドイツの快進撃に胸躍らせたホルスト・ヘックマンさんやクラウス・ギュンターさんもまた、当時最も大きな影響を受けたヒトラーの言葉として、この「グレーハウンドの如く……」という演説を挙げている。

自分が心から信じ、自分のすべてを賭けたものが否定された時、人は、その過去とどのように向き合うものなのか。それを考えるうえで大きな示唆を与えてくれたのが、今回インタビューした中で最も熱烈にヒトラーを支持していたひとり、クラウス・マウエルスハーゲンさんだった。

終戦間際にソヴィエト軍の捕虜となった彼は、ベラルーシ東部のゴメリにあった捕虜収容所に送られた。当時、ソヴィエト連邦の一部だったベラルーシは、ソヴィエトとドイツというふたつの全体主義国家の対立により最も大きな被害を受けた地域のひとつだった。一九三〇年代のソヴィエト政府による圧政で、多くの餓死者を出し、ドイツの占領下では徹底的に破壊され、さらにその後、反撃してきたソヴィエト軍により、多くの住民が「ドイツ軍への協力者」として殺された。一九四一年以前に九〇〇〇万いた人口のおよそ五分の一、一六〇〇万人が終戦までに命を落としたと言われている。マウエルスハーゲンさんら捕虜たちが命じられたのは、多くの男手を失ったゴメリの町の、復興だった。

「毎日毎日、石を引いてきて、工事現場まで運びました。私は石垣の築き方を学び、道路の補修も行いました。重労働で食事は少なく、皆、衰弱していました。私は若かったので、耐え抜くことができたのです。二〇歳そこそこでしたから、耐え抜けたのです。次々に収容所を移り、最後は泥炭の中での作業でした。これは、本当にひどかった」

Q．収容所で亡くなった戦友もいましたか？

「たくさん亡くなりました。亡くなると、私たちが夜中、外にある壕まで遺体を引きずっていくのです。遺体はテントカバーで包み、対戦車壕に埋めていきます。ひどい状況でした。特に年配の人たちが、耐え切れず亡くなっていきました」

食事は、粗末なものだった。朝に出される硬くてまずいパン以外は、食事はスープだけ。魚スープ、野菜スープ、ジャガイモスープ。たまに出る、スープの中にキビ、エンドウ豆、大麦を臼で挽いた「ひきわり麦」などを入れた「カーシャ（おかゆ）」は、ごちそうだったという。ただそれは、ドイツ兵だけでなく、監視にあたるソヴィエト兵もまた、似たり寄ったりだった。ソヴィエト国民自身、絶望的な飢餓状態にあったからだ。

飢えと寒さと重労働に苦しめられ、最初の冬に多くの捕虜が死んでいった。彼らは、故郷に手紙を出すことも許されず、戦争によって破壊された街に暮らす家族の安否も分からないまま、先の見えない囚人生活を強いられた。過酷な状況に置かれたマウエルスハーゲンさんは、ナチスの犯した罪に向き合うのではなく、辛い現実から目を背け、生き抜く希望だけに目を向けることで、心の平衡を保っていた。

「自分ひとりだけの世界を作りました。頭の中で物語を描き、素敵な家を思い浮かべ、ぜいたく三昧の生活を夢想しました。誰も私を操ることはできません。自分の思い通りになる世界を作ったことで、耐え抜くことができたのです。

でも、希望を持つのは、難しいことでした。仲の良い戦友がいて、隣で寝ていたのですが、ある時、衰弱し、何も食べられなくなりました。彼を勇気づけねばならなかった。彼のために食べ物を持ってきて『食べないと死んでしまうぞ！』と言っても彼は『もうどうでもいいんだ』と言うばかりです。『家に必ず帰るんだ！絶対だ！』と励まし続けました。彼はやり抜きました。困難を切り抜けたのです」

捕虜として二度の冬を生き抜いて迎えた一九四七年、マウエルスハーゲンさんの収容所では、故郷にいる家族に赤十字経由で手紙を出すことが初めて許された。さっそく、マウエルスハーゲンさんも両親宛てに手紙を送り、間もなく、故郷から返事が届いた。だがそれは、彼が辛うじて保ってきた心の平衡を、大きく揺さぶるものだった。

「両親からの返事で、私は妹の訃報《ふほう》を知らされたのです。なんと残酷なことでしょう。人生で初めて泣きました。人生で初めて心の底から泣いた、それが、その時の私の気持ちをすべて説明してくれるはずです。妹の死というものを、想像できませんでした」

マウエルスハーゲンさんより一歳年下で、兄と共にヒトラーを熱烈に支持し、兄と共にソヴィエト地図にピンを打ってドイツ軍の快進撃を喜んだ妹のローレさんは、終戦直前の一九四五年四月、故郷近くの街を襲った爆撃により、亡くなっていた。一八歳だった。

間もなく、三度目の冬がやってきた。マウエルスハーゲンさんは、左右の肺に重い炎症を患い、明日をも知れぬ命となった。隔離病棟とは名ばかりで、狭いベッドの上、藁《わら》袋と薄い毛布一枚だけという、抵抗力のない病人にとっては過酷な環境に置かれ、生きる希望を失おうとしていた。そんなある日、彼は思わぬ形で、命を助けられることになる。

「その隔離病棟に、女性の看護師がいました。その彼女が、ある晩、こっそりベッドに来て私を起こし、こう言いました。『これを飲みなさい！』『何を？』『これよ！』。見てみると、牛乳でした。牛乳は当時、貴重品でした。ドイツにいた頃から、何年も見たことがありませんでした。肺炎を治すには、何より栄養が必要だということを彼女は知っていました。それからも毎晩やってきては、コップ一杯の牛乳を届けてくれました。また、モスクワから監視団がやってきた時のことでした。収容所側は管理責任が問われることを恐れ、重病人を始末しようと考え、私もそのひとりに選ばれたようでした。ところが、私たちのベッドの前で激しい議論が始まりました。あの看護師が、私たちを助けるべきだと主張したのです。結局私たちは、始末されずに済みました。彼女の擁護がなければ、零下五〇度の屋外に放り出され凍死していたはずです」

この看護師が命がけで守ってくれたおかげで、マウエルスハーゲンさんは危険な状態を脱し、隔離病棟から退院することとなった。そして、彼女のもとに行き、語りかけた。

「『なぜ助けてくれたのか？　なぜ牛乳をくれたのか？』

私が尋ねたところ、彼女はこう答えました。

『弟によく似ているから』

『弟は元気なのか？』

『死んだ。ドイツ人に殺された』
ドイツ兵が、弟を殺したというのです。

『なぜ？』
『私たちはユダヤ人』

……まさかそんなことが。ユダヤ人がドイツ軍の元士官に栄養を与えて、命を助けるなんて……。

私は、できれば彼女を抱きしめたかったが、できませんでした。二人とも懲罰収容所行きになってしまう。私は彼女の行為、人間性に強く心を打たれました。ユダヤ人である彼女が取ったこの行為は、およそ信じられないものでした。私など、放置して死なせても、構わなかったはずです……。彼女はひとりの人間でした。ユダヤ人でもそうでなくとも、真の人間でした。
こうして私は、生きようという活力を得ました。このような経験をして、諦めることはできません。おかげで、その後の捕虜としての生活を、耐え抜くことができました。彼女の行いにより、力を得たのです」

マウエルスハーゲンさんは、一九四八年八月、三年以上にわたった捕虜生活から解放され、ドイツ西部、フランクフルト近郊の故郷に戻ることを許された。解放された捕虜を乗せた特別列車でフランクフルト駅まで到着すると、母と、一九四〇年生まれの一番下の妹が迎えに来ており、三人は涙を流し、再会を喜び合った。

「駅から出た途端に自由を享受しました。もうロシア人の言いなりにはならないぞ。ついに自由だ。あんなすばらしい感情はありません。見張りもいない。誰にも何も強制されない。やりたいことがやれる。本当にすばらしい」

だが、少年時代からヒトラー・ユーゲントでの活動にすべてを捧げ、職業軍人となることだけを目標に人生を送ってきたマウエルスハーゲンさんにとって、敗戦国となった西ドイツの社会は、決して生きやすい場所ではなかった。彼の住むフランクフルト近郊が属する「ヘッセン州」では、戦後すぐ占領軍が進めた「非ナチ化」運動の影響で、軍の士官だった者は大学への入学を認められず、雇ってくれる会社もなかなか見つからなかった。マウエルスハーゲンさんは、商売をしている親戚の会社に就職して営業を学び、定年までサラリーマンとして勤め上げた。

そんな彼にとって、ヒトラーに心酔したあの時代は、九〇歳を超えた人生の最終盤に、どのように映っているのか。インタビューの最後、彼に尋ねてみた。

Q. ヒトラーの時代とは、あなたにとってどんな時代でしたか?

「信じてもらえないでしょうが、私の人生最高の時でした。私は少年として、その時代を生きました。軍人は私の天職でした。私にはすばらしい時代だったのです。当時を体験しないと分からないでしょう。理解できないでしょう。私はあの時代、幸せでした」

Q. 幸せだったのは、どうしてですか?

「戦争が始まる前のドイツは、大いに栄える国家でした。すべてがうまくいっていました。工業も、科学も。学校の教育もすばらしかった。私は、学校時代を懐かしく振り返ります。さまざまなことを学びました。今の子どもたちより、よっぽどたくさん。孫を見ていると、今の学校の教育は話にならないです。ドイツは開戦までは、その最高潮にありました。

一九三九年までは平和で自由に暮らしていたのです。その後の時代に行われたという犯罪のことは、まったく知りませんでした。何も知らなかった」

自分自身を含め、多くの人びとが大変な思いをしたのに、「すばらしい時代だった」と語ること自体は、それほど意外なことではなかった。これまで、太平洋戦争で過酷な体験をした日本の元軍人を大勢取材する中で、戦前、体制の中枢で高揚感を味わったことがある人の多くが、「大変だったし、戦争は二度とごめんだが、良い時代だった」と語るのを耳にしてきたからだ。だが、僕が違和感を抱いたのは、マウエルスハーゲンさんの言葉の中に、「最高潮であった」はずの戦前のドイツが、実は多くの矛盾をはらんだ社会だったという葛藤がまったく感じられず、ナチスの犯した罪に関しても自分は「何も知らなかった」という一言で切り捨ててしまっている点だった。

Q．でも学校やヒトラー・ユーゲントでは、他の民族について「劣等人種」などという表現で貶める教育をしていましたよね？

「いいえ。それは全部、戦後になって、連合軍が流布したことです。今の学校でもそう教えていますが正しくないのです。当時は、ロシア人はこう、ポーランド人はこうと、誇張なく語られていましたが、それだけのことにすぎません」

Q．他の民族を貶めることは、本当になかったのですか？

「まったくありません。そう語られるのを、戦後繰り返し聞きますが、誤りです。私たちドイツ人と同じ人間で、国籍が違うにすぎないと思っていました。ユダヤ人も、あなたや私と同じ人間でした。その間に、違いなどありません」

納得ができなかった僕は、しつこく質問を繰り返した。「戦後明らかになってきた歴史的事実とは異なっているので、疑問に思ってお聞きするのですが、本当に他の民族に対する差別意識はなかったのですか？」。これに対しマウエルスハーゲンさんも、次第にいら立ちを隠さなくなってきた。そして、明らかに敵意のこもった口ぶりで、答えの合間にブツブツと何かをつぶやくようになった。

通訳のベティーナさんに、「今、彼は最後に何て言いました？」と聞いたところ、「『いつまでも、くだらない質問をしやがって……』と言っています」とのことだった。

この言葉を聞いた時、僕は、もう潮時だと感じた。この時僕がやらねばならなかったことは、彼がその当時何を考え、今何を思うのかをしっかり聞き出すことであり、九〇過ぎのインタビュー相手を、問い詰めて、どちらが正しいか白黒つけることではない。これ以上言葉を重ねても、一緒に思索を深めていくことができないのは明らかだった。「分かりました。いろいろしつこくお聞きして、失礼しました。ありがとうございます」とお伝えし、インタビューを打ち切った。

彼の語る言葉には、大きな矛盾があるように僕には思えた。ドイツ社会が人種的偏見を持っていなかった、と言うのであれば、どうして彼は、みずからの命を救ってくれた女性看護師がユダヤ人であると知った時、「まさかそんなことが……」と驚いたのだろうか。ユダヤ人が貶められ、迫害されているという事実に当時から気づいており、そんな仕打ちを受けたユダヤ人が、熱烈なナチ党支持者でドイツの職業軍人である自分の命を救ってくれたことに、彼は衝撃を受けたのではないだろうか。

マウエルスハーゲンさんは、今回インタビューした人びとの中で、「ヒトラーの時代は、間違いばかりではなかった」という思いを、誰よりも強く語ってくる人だった。そんな彼にとって、戦後、白日のもとにさらされたナチ党の人種政策は「都合の悪い真実」だったため、七五年の間に、彼の記憶上ではなかったことにされてしまったのかもしれない。

ただしその一方で、彼は間違いなく、恩讐を超えて命を救ってくれたユダヤ人看護師に対し、深い敬愛の念を抱いていた。「彼女はひとりの人間でした。ユダヤ人でもそうでなくとも、真の人間でした」と語った時の彼の言葉には、真心がこもっていた。そして今回の長いインタビューの中で、彼自身、ユダヤ人をはじめとする他の民族に対する偏見を口にすることは、一切なかった。ひとりの熱烈なナチ党支持者の心を、少しでも揺さぶることができただけでも、そのユダヤ人看護師の行いには意味があったのだ、と僕は感じた。

「負の歴史」とともに生きる

みずからも関わった「負の歴史」を真正面から見つめ、その事実と真摯に向き合っていくということは、決して誰でも簡単にできることではない。僕自身、彼らと同じ立場になったら、自分の過ちと向き合えるかどうか、正直分からない。そうした中で、「歴史に向き合う真摯さ」という意味で最も印象深かったのが、ハンス・ヘラーさんだった。

父やヒトラー・ユーゲントを通じて人種差別的な考えを叩き込まれ、ナチ党を熱烈に支持し、旗色が悪くなってもなお「ヒトラーに対する疑問はまったく抱かなかった」と語ってくれたヘラーさんは、空軍に志願して一九四四年一二月に入隊し、空挺師団の一員としてイタリア戦線に派遣され、アメリカ軍の捕虜となった。ヘラーさんは、イタリア北西部、リヴォルノという港町に造られたアメリカ軍の捕虜収容所に入れられ、一九四七年五月に解放されるまで、ここで強制労働とも命の危険とも無縁の日々を送った。その頃、収容所からハンブルクで暮らす父親に宛てて書いた手紙を、ヘラーさんは今でもすべて大切に保管している。その分厚い束の中から、ヘラーさんは、一通の手紙を見せてくれた。「愛するお父さんへ」という言葉とともに始まるその手紙の中、彼が指さした先には、こう書かれていた。「反ユダヤ主義は、私の中でまだ活発です」と。

「ある日、ひとりのアメリカ人が私たちの収容所に職員としてやってきました。彼は民間人で、ドイツ語が話せ、どうやらユダヤ人でした。ユダヤ人である彼に、どうして私たちの対応をさせたのか、分かりません。ただそれは失敗でした。私たちは、彼を押し付けられた気持ちになり、彼をボイコットするようになりました。そして私は、両親宛ての手紙に、『反ユダヤ主義、つまりユダヤ人を嫌う姿勢は今でも活発だ』と書いたのです。要するに、ナチス時代に私たちにあった精神が継続していたのです」

ヘラーさんたちがそのような反抗的な態度を取っても、特に罰せられるわけでもなく、引き続き自由な生活を送ることができた。収容所の敷地内に映画館を造ることが認められ、手先の器用な者たちが手際よく小屋を建て、上映機

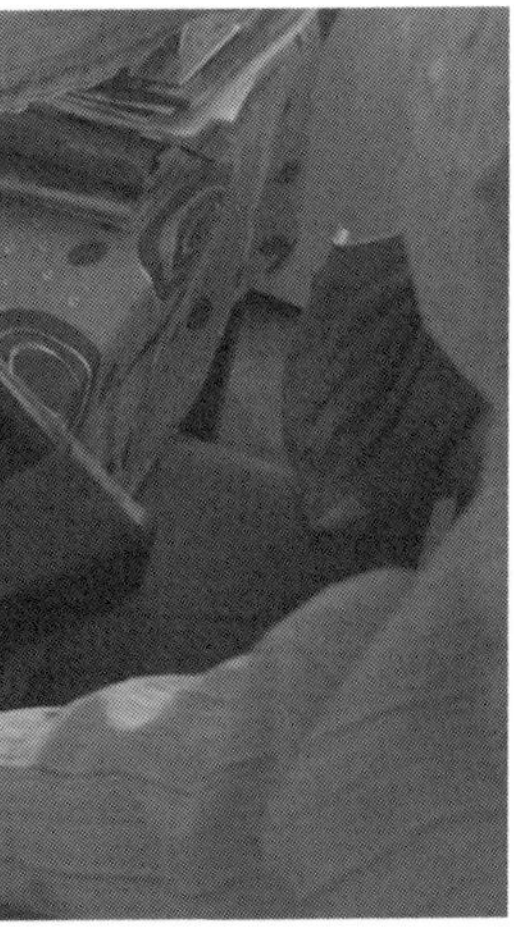

ハンス・ヘラーさんがイタリアの捕虜収容所から父に宛てた手紙の束

やフィルム、客席用のベンチをアメリカ軍から支給されて、楽しい余暇も過ごせるようになった。父への手紙には、他にも海水浴をしてヒトデや大きなカニを見つけたこと、卓球やチェスを楽しんでいることなどが、書かれている。

その一方で、一九四五年一〇月の手紙には、このようにも書かれている。「捕虜になって半年、私たちは依然、檻の中の動物のように暮らしています。ドイツが引き起こした戦争に、罪があるのだと言われます」

連合軍は、機会があるたびに、ドイツ兵を思想的に再教育しようと、ナチスが犯した罪をヘラーさんたちに突き付けた。その最たるものが、彼らが造った映画館で上映された、記録映画だった。一九四五年四月、ドイツ国内のブーヘンヴァルト強制収容所とベルゲン・ベルゼン強制収容所を解放したアメリカ軍は、その時の映像を記録に残していた。そ

捕虜収容所のハンス・ヘラーさん（右から2番目）

こには、骨と皮だけになった収容者たちの死体が運び出され山積みにされている様子が、克明に映し出されている。だがそれでもなお、ヘラーさんの心は、一切動じなかったという。

「その時に私の中で一番引っかかっていたのは、アメリカ軍がこの映画を見るのを義務とした点でした。私たちはそれを、勝者による思想教育と捉えました。

彼らはこの映画を見せることで、『おお、私たちは、ナチ支配のもと、このような非道なことをやったのか！』という印象を持たせようとしたのでしょう。だが私には、そのように考えた記憶がありません。強制的に見せられたという意識しか覚えていません。見たくもなかったものを、見せられた。それだけです。今では口にするのが憚《はばか》られますが、実際のところ、そうだったのです」

アメリカ軍がブーヘンヴァルト収容所を解放した時の映像。収容者たちの遺体が運び出されている

© National Archives

Q. そのように考えた記憶がないのは、どうしてですか？

「その時は、自分のこととして考えなかったのです。その映像を通して私たちは、『お前たちがみずから選択した政権により行われたことだ。従って、お前たちにも責任がある』と理解することもできたはずです。それが本来のメッセージですが、まったく届かなかった。『ひどい映像だ。以上』」

だがヘラーさんについて特筆すべきなのは、こうした押し付けのような思想教育に反発するだけでなく、ナチ党とは何だったのか、ドイツ人が突き進んでいったあの戦争はいったい何だったのか、みずから学び、考え始めようとしたこと。その旺盛な向学心だった。

一九四七年五月、二〇歳で父親の待つ家に

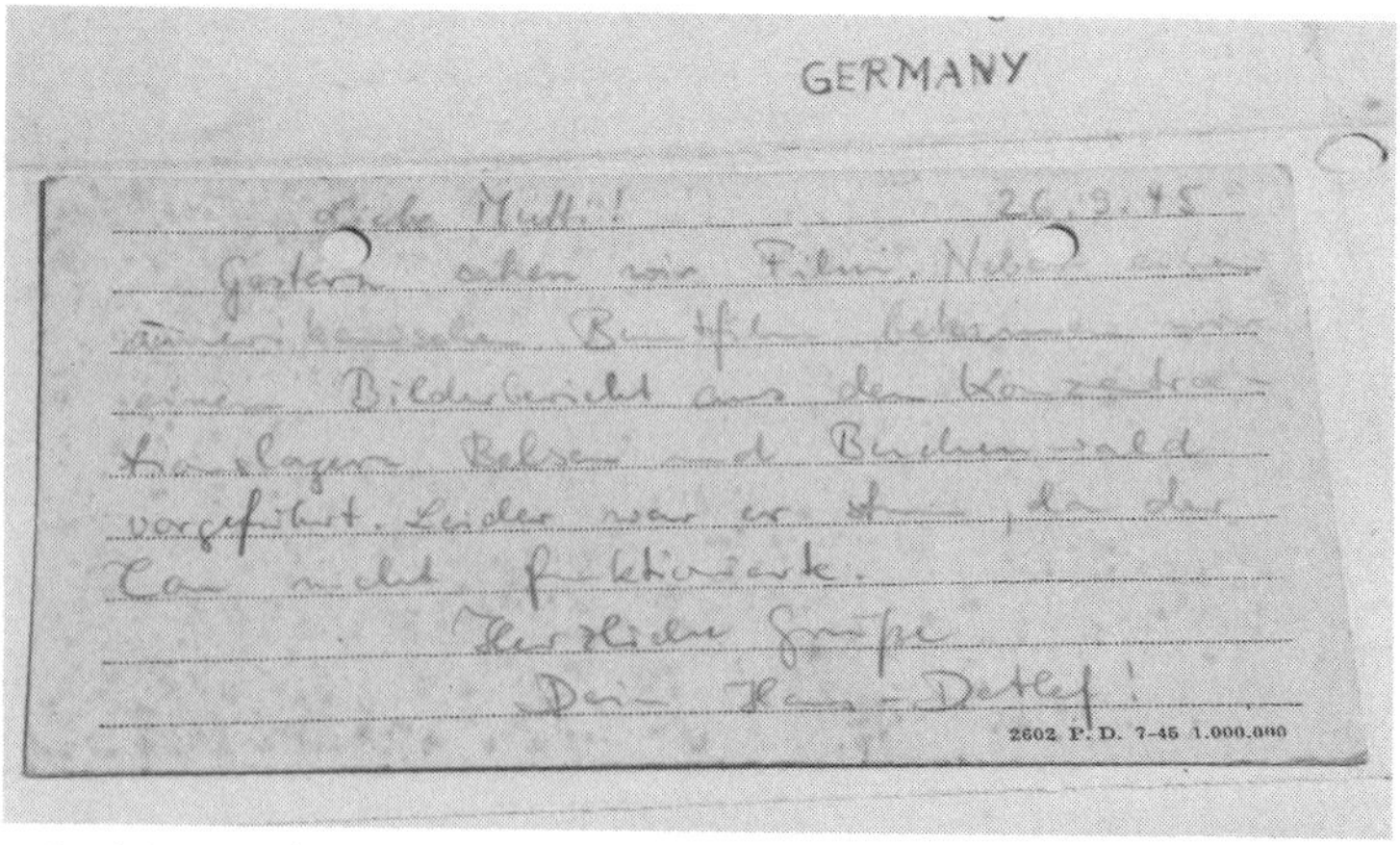

ヘラーさんの1945年9月26日付の手紙。強制収容所の映像を見せられたことが書かれている

戻ったヘラーさんは、そこからギムナジウムに通い直して高等教育の卒業資格を得、その後一年間、肉体労働をして金を貯めたのち、ハンブルク大学に入学した。そこで彼は、ナチ党によって作り上げられた狭い世界観とは違う、多様で豊かな考えに触れ、仲間たちとの議論を通じて、少しずつ、ヒトラーの呪縛から解き放たれていった。彼自身の言葉でいう「大変革」が始まったのだ。

ヘラーさんは、経営学を修めたのち、今度は法学部に入り直して「法学博士」となり、経営コンサルタントなどをしながら、西ドイツで暮らした。そして定年退職後、三度《みたび》大学に入り直して歴史学を学び、博士論文「第三帝国における民法立法」を書き上げて、「哲学博士」となった。この論文で、彼は、ナチズムがいかに法治国家としてのドイツを蝕《むしば》んでいったか、三人の人物を通して考察している。その三人とは、民族裁判所の裁判長としてショル兄妹をはじめ多くの反ナチ主義者に死刑判決を下したローラント・フライスラー、ポーランド占領地総監として法律の権限を超えてユダヤ人の大量虐殺を遂行したハンス・フランク、そして、ヒトラー政権下の法務大臣だったフランツ・ギュルトナー。ヒトラーの意志がどのような法律的枠組みの中で実現されていったのか、詳細に明らかにしていった。

「いつも思うのは、私たちの子どもや孫たちのように、最初から自由に考えられるというのがいかにすばらしいかという点です。私が子どもの頃は、そんな世界があり得るとはまったく知りませんでした。ヒトラーが語る『唯一の真実』があり、それを信じたのです。今から振り返ると、それは大いなる喪失です」

Q. ドイツがたどった歴史から、僕たちは何を学べるとあなたは考えますか？

「何か納得できる意見を聞いたとしても、吟味することなく、信じるべきではないということです。異なる意見を聞き、みずから評価を下さなければなりません。そのためには子どもたちに語らねばなりません。私自身は、自分の子どもたちにそうしてきたと信じています。私が政治的に左派だからと言って、同じ左派に育てたりなどせず、賛成にせよ反対にせよ、すべての議論を認めました。それが必要です。

現在でも、その政党が何を望んでいるかを熟慮することなく、闇雲に従う人びとがたくさんいます。そういう人は、みずから思索し、物事を多様な側面から見ることの大切さを、どうやら歴史から学んでいないようです。良くありませんね」

現在ヘラーさんは、ケルン市の郊外、日当たりの良い三階建てのアパートメントの一室にひとりで暮らしている。リビングから書斎まではおよそ四〇平方メートルのひと続きの部屋なのだが、その壁面は一面の本棚になっており、彼が戦後半世紀以上にわたって読破してきたナチズムに関する本がびっしりと並び、床にも高く積み上げられている。ヒトラーが政権にあった一二年間に脳裏に刻みこまれた「言葉の呪縛」と向き合うために、彼がどれほどの努力を重ねてきたのか、それらの本は、物語っている。

彼の格闘は、今もなお続いている。今回の僕たちのインタビューを受けてくれたことも、そのひとつだ。こちらが投げかけるさまざまな質問に対し、彼は常に冷静に、自己弁護の言葉を挟むことなく、答えてくれた。質問の中には、彼がこれまで投げかけられたことのないようなものもあったようだが、それに対しても、ひとつひとつ、言葉を丁寧に選びながら、一緒に思索してくれた。彼もまた、あの「呪縛」の正体が何だったのか、深く理解したいと考えていた。僕はそんなヘラーさんの生きざまから、人間というものは、過ちを犯す生き物であると同時に、その過ちを乗り越えて、これほどまでに強く、真摯に生きられるものなのか、深く教えられた。

ハンス・ヘラーさんの自宅の書斎

そしてもうひとり、過ちを乗り越え、生きてきた人がいる。捨て子である自分を育ててくれたユダヤ人の父親が収容所に送られてもなお、ヒトラーを信じ、ナチスの掲げる理想と共にあの時代を生きた、ヴィルヘルム・ジーモンゾーンさんだ。

二〇一八年一〇月、僕たちは彼と一緒に、ハンブルク市内にある小中高一貫の公立学校を訪ねた。温和な笑みを絶やさないヴィルヘルムさんの周りには、すぐに子どもたちの人垣ができ、賑やかな会話が始まる。

「私は一九一九年九月九日生まれです。さて、今何歳でしょうか?」

「九九歳!」

「正解!あなたは賢いね!」

「ヒトラーがいた時代に、もう生まれていたんですか?」

「その通りです。ヒトラーが首相になった時、私は一三歳だったんですよ」

彼と話していた子どもたちは、一様に「信じられない」という驚きの表情を見せ、さらに会話が弾んでいく。この日、ヴィルヘルムさんは、高校二年生の歴史の時間に、ヒトラーの時代の生き証人として、授業を行った。教室に入り、生徒たちを前に語り出したヴィルヘルムさんの顔からは笑みが消え、厳しい表情で自分の経験を話していく。二時間以上、九九歳とは思えない力強さで、彼は語り続けた。それに対し、生徒たちも次々と質問をぶつけていく。

「一九三八年のナチスの党大会に参加したことは、ジーモンゾーンさんのその後にどのような影響を与えましたか？」

「ユダヤ人や共産主義者など、ナチスの世界観に当てはまらない人びとについて、当時はどのように考えていましたか？」

「私はその時、一九歳でした。ヒトラーの唱えたプロパガンダ、つまり、『ドイツには悪い敵がいて、それを打ち倒さなければならない』という言葉に、心を動かされました。そして、トム・ソーヤーやハックルベリー・フィンの物語のようなワクワクした気持ちに駆り立てられたのです」

授業のために学校を訪れたヴィルヘルムさん

今回の取材中、ヴィルヘルムさんの自宅でインタビューしている時、一九三八年のニュルンベルク党大会の映像を見てもらったことがある。彼を含む労働奉仕団の隊列が、足を高々と上げ、オープンカー上で閲兵するヒトラーの前を整然と行進する映像を目にし、彼は、瞬時に八〇年前にタイムスリップしたかのように「労働奉仕団だ！」と嬉々として叫んだが、すぐさま、思い直したようにこう続けた。

「本格的な『猿芝居』でした。現在でも、同じように足を高々と上げて行進する国がありますよね。ドイツの連邦軍でも、国賓の出迎えなどでやっています。まさに、同じような猿芝居です。厳しい訓練を積み、一心不乱に行進する。いわば、モザイクからなる会場全体の、ひとつのピースに過ぎません。巨大な舞台で踊る、操り人形のようなものです。それを見ると、私の中でネガティブな感情が湧きます。操り人形だった自分を、思い返すからです」

『独裁者ヒトラー 演説の魔力』を放送して半年が経った二〇一九年九月九日、ヴィルヘルムさんは一〇〇歳の誕生日を迎えた。お祝いのバースデーカードをたどたどしいドイツ語で書き、送ったところ、コーディネーターのベティーナさんを通じて、お礼のメッセージが届いた。ヴィルヘルムさんは、この記念すべき日を、二人の娘、五人の孫、二人のひ孫と共に、彼がこよなく愛するエルベ川を見渡す丘の上のレストランで、ささやかなお祝いをして迎えたのだという。そして、今年もあと数回、学校を訪れて、子どもたちに語りかける予定だと、力強く話していたという。

エルベ川に近いカトリックの墓地に、ジーモンゾーンさん一家の墓はある。中央には、父親のレオポルトさん（一八八三～一九三九年）と母親のベルタさん（一八八八～一九六八年）の墓石が置かれ、その脇にふたつの墓石が並んでいる。ひとつは、妻エリーザベトさん（一九二一～二〇〇五年）のもの、そしてもうひとつがヴィルヘルムさんのものだ。その墓には、彼の生まれた年だけが、刻まれている。

ジーモンゾーン一家の墓。父と母、妻が眠る

おわりに

今からおよそ一年半前、この番組の取材のためドイツに向かうにあたり、僕は、「ヒトラーの演説」というテーマが、日本人にとってどのくらい意義のあるものなのか、自信が持てずにいた。七〇年以上前の遠いドイツの人びとの話を、今の日本人が聞く意味は何なのか。同盟国だったとはいえ、社会的背景も、背負った戦争責任も大きく違うふたつの国の間には、安易な比較を許さない大きな壁が立ちはだかっており、その壁を超えて、どれほどの共感を持ってもらえるのか、見通しを持てずにいたからだ。

だがその不安は、取材を進めていくにつれて、すぐに消えていった。ミュンヘン近郊の街で、今回取材した中で最高齢のアンナ・ドレングラーさんに会ったのを皮切りに、ベルヒテスガーデン、ニュルンベルク、ベルリン、ハンブルク、ブレーメン、ミュールハイム、ケルンと、ドイツを反時計回りにぐるっと一周する中で、多くの方々に会い、多くの話を聞かせていただいた。そして、ヒトラーの演説に翻弄された人びとが語る言葉は、時空を超えて、今の日本に暮らす私たちにも多くの示唆を与えてくれることに気づかされていった。程度の違いはあれ、ヒトラーの呪縛に今なお囚われ続ける彼らの言葉には、「僕も同じ時代に生まれていたら、そのように行動し、そのように考えたかもしれない」と思わせてくれる何かが溢れていたからだ。

ご高齢の身でありながら、特段何の見返りもない長時間の取材、撮影に付き合ってくださったすべての方々に、最後にこの場を借りて、心からの感謝の気持ちを表したい。遠くない将来、彼らの言葉に耳を傾けることができなくなる日がやって来る。その時この本が、そうした消えゆく声を記憶にとどめるひとつの助けになってくれればと願っている。

ちなみに、今回の取材を進めていくうえで、余人をもって代えがたい力を発揮したのが、証言者を探し出し、アポを取り、そして現場では絶妙の間合いで完璧な通訳をしてくれた、ドイツ人コーディネーターのベティーナさんだった。近現代史への造詣が深く、人当たりがやわらかで、笑顔のチャーミングな彼女なくして、今回のような声は集まらなかっただろう。そして、いつも僕のロングインタビューに辛抱づよく付き合ってくれるカメラマンの金沢裕司と音声マンの高橋一三、これまで何本も一緒に「新・映像の世紀プレミアム」を制作し、この時代の資料映像に通じている編集マンの日高隆志との示唆に富む共同作業なくして、消えゆく声が番組として紡がれることもなかった。そして、この番組を見て企画を進めてくれた集英社の今野加寿子さんのおかげで、書籍という形でも記録を残すことが可能となった。

今回の番組は、『ヒトラー演説』の著者である学習院大学の高田博行教授に、僕の上司である茂手木秀樹・伊川義和の両プロデューサーが会い、番組提案を書くところから出発した。高田教授は、取材・ロケ・編集と、さまざまな壁に突き当たるたびに、教授が長年こつこつと蓄積してきた貴重な資料を惜しみなく提供してくださった。そのような助力なくして、番組が完成することも、この書籍が生まれることもなかった。最後に格別の謝意を、申し上げたい。

この書籍をまとめるにあたり、番組では簡単に触れるにとどめておいた「つまずき石」を大きく取り上げ、物語を紡いでいく「軸」のひとつにした。それは、番組放送後、日本と韓国との歴史認識問題が一層泥沼化していく中、現代のドイツ人がヒトラーの時代の「負の記憶」とどのように向き合おうとしているかを知ることが、日本人にとってますます重要になっていると感じたからだ。「つまずき石」は、今でもドイツ全土で増え続けており、二〇二〇年いっぱいまで埋納作業の予定が一杯となっている。それら犠牲者の名前を調べ、各自治体に歩道への埋納許可を取り、費用を工面しているのは、それぞれの街のドイツ人自身である。

ドイツでの取材の途中、移動中の車中でベティーナさんと交わした会話を、僕は今でも事あるごとに思い出し、胸に刻んでいる。日韓の歴史認識問題に話題が及んだ時のこと、

「日韓両国の歴史認識がこじれる理由のひとつに、韓国側が提示する情報に誤ったものが多く含まれていることもある」と僕が助手席から何気なく発した言葉に対し、ベティーナさんはハンドルを握りながら、穏やかな声でこう答えた。

「それは確かにそうなのかもしれません。でもその代わりに、正しい『負の歴史』を後世に伝える努力を、日本人はどれくらいしているのでしょうか？」

僕はその指摘に対し、返答する事柄を、ほとんど思い出すことができなかった。同時に、日本も含め、多かれ少なかれ「負の歴史」を抱える世界中の人びとにとって、ヒトラーの演説の魔力に囚われた人びとの声に耳を傾ける意味はやはりある、という思いを改めて強くした。ドイツ人自身、今もこうして、過去と向き合い続けているのだから。

二〇二〇年三月

いつも支えてくれる妻、息子、娘に、心からの感謝を込めて

ヒトラー、ナチ党関係略年表（1889年〜1945年）

西暦	出来事
1889年4月20日	ヒトラー誕生
1918年11月	第一次世界大戦でドイツ敗戦
1919年1月	ドイツ労働者党（DAP）結成
6月	ヴェルサイユ条約調印
8月	ワイマール憲法制定
9月	ヒトラー、ドイツ労働者党に加わる
1920年2月	DAP、国民社会主義ドイツ労働者党（NSDAP、以下「ナチ党」と略記）に改称
1921年7月	ヒトラー、ナチ党党首に
1922年10月	イタリアで、ムッソリーニがローマ進軍
1923年1月	ナチ党第1回全国党大会（ミュンヘン）
11月	ミュンヘン一揆失敗、ヒトラー逮捕
1924年2月26日	ヒトラー裁判（禁固5年の判決）
12月	ヒトラー出獄
1925年2月	ナチ党再編
4月	ヒンデンブルク、大統領に就任
7月	『わが闘争』第1巻出版

11月	ナチ親衛隊（ＳＳ）設立
1926年7月	ナチ党第2回全国党大会（ワイマール）
1927年8月	ナチ党第3回全国党大会（ニュルンベルク）
1928年5月	ナチ党が国会選挙で全491議席中12議席（得票率2・6％）獲得
1929年8月	ナチ党第4回全国党大会（ニュルンベルク）
10月	世界恐慌始まる
1930年9月	ナチ党が国会選挙で全577議席中107議席獲得、第2党に
1932年4月	ヒトラー、大統領選に出馬　ヒンデンブルクに敗れる
7月	ヒトラー、飛行機を利用し全国各地で演説、ナチ党が国会選挙で全608議席中230議席獲得、第1党に
11月	ナチ党が国会選挙で全584議席中196議席（得票率33・1％）獲得
1933年1月	ヒトラー、首相に就任
2月	国会議事堂放火事件
3月	ナチ党が国会選挙で全647議席中288議席獲得 全権委任法可決、宣伝省創設
4月	ユダヤ人商店ボイコット
8〜9月	ナチ党第5回全国党大会（ニュルンベルク）
10月	国連脱退
11月	ナチ党が国会選挙で92・2％の得票
1934年1月	ドイツ・ポーランド不可侵条約

西暦	出来事
1934年8月	ヒンデンブルク大統領死去
	ヒトラー、首相権限を拡大
9月	ナチ党第6回全国党大会（ニュルンベルク）
1935年6月	ドイツ・イギリス海軍協定成立
9月	ナチ党第7回全国党大会（ニュルンベルク）
	ユダヤ人弾圧のニュルンベルク法発令
1936年3月	ドイツ軍がラインラント地方に進駐
8月	ベルリン・オリンピック開催
9月	ナチ党第8回全国党大会（ニュルンベルク）
10月	ドイツとイタリアが協定締結（枢軸の成立）
11月	日独防共協定
1937年1月	全権委任法を延長
1938年3月	オーストリア併合
9月	ミュンヘン会談
10月	ズデーテン地方へ進駐
11月	反ユダヤ暴動「水晶の夜」勃発
1939年3月	チェコへ侵攻
8月	独ソ不可侵条約
9月	ポーランドへ侵攻

9月3日	英仏、ドイツに宣戦布告。第二次世界大戦勃発
1940年4〜5月	ノルウェー、オランダ、ベルギー、フランス等を占領
6月14日	パリ陥落
9月	日独伊三国同盟成立
1941年6月	独ソ戦始まる
12月8日	日本、真珠湾を攻撃。日米開戦
1942年8月	スターリングラード戦始まる
1943年1月	スターリングラードのドイツ軍が降伏
2月	ゲッベルス宣伝相、総力戦演説
5月	北アフリカの独伊軍が連合軍に敗退
7月	イタリアでムッソリーニ失脚
1944年6月	連合国軍、フランスのノルマンディーに上陸
7月20日	ドイツ軍将校によるヒトラー暗殺・クーデター計画失敗
8月	ドイツ軍、パリを放棄
1945年4月	ウィーン陥落
4月30日	ヒトラー自殺
5月	ドイツ降伏
8月15日	日本降伏

参考・引用資料一覧

本文の引用は下記文献（*）の番号と対応しています。

なお、旧字体などを一部変更して掲載しています。

演説の内容は、映像、音声、演説記録を、及びドイツ語の資料は、翻訳し掲載しています。

・高田博行『ヒトラー演説－熱狂の真実』中公新書　2014年　（*2）
・阿部良男『ヒトラー全記録－20645日の軌跡』柏書房　2001年
・リン・H・ニコラス（若林美佐知訳）『ナチズムに囚われた子どもたち（上・下）』白水社　2018年

第1章
・村瀬興雄『ヒトラー－ナチズムの誕生』誠文堂新光社　1962年　（*1）
・ジョン・トーランド（永井淳訳）『アドルフ・ヒトラー 1』集英社文庫　1990年　（*3）
・アドルフ・ヒトラー（堀眞琴訳）『我が新秩序』青年書房　1942年　（*4）
・アドルフ・ヒトラー（平野一郎／将積茂訳）『わが闘争』角川文庫　1973年　（*5）
・Wieland Giebel『Warum ich Nazi wurde:Biogramme früher Nationalsozialisten（なぜ私はナチスになったのか）』BerlinStory Verlag GmbH
・「ドイツ帝国統計年鑑」の「選挙と投票」の項
https://www.digizeitschriften.de/dms/toc/?PID=PPN514401303

第2章
・ドイツ公営ラジオ「deutschlandfunk」記事（2013年10月24日）
https://www.deutschlandfunk.de/schwerpunktthema-der-fuehrer-spricht.1148.de.html?dram:article_id=266406
・武田知弘『ヒトラーの経済政策』祥伝社新書　2009年
・アレンスバッハ研究所の記者会見資料（1964年7月19日）

第3章
・グイド・クノップ（高木玲／藤島淳一訳）『ホロコースト全証言－ナチ虐殺戦の全体像』 原書房 2004年
・マシュー・セリグマン／ジョン・ダヴィソン／ジョン・マクドナルド（松尾恭子訳）『写真で見る ヒトラー政権下の人びとと日常』 原書房 2010年
・H-J・デッシャー（小岸昭訳）『水晶の夜－ナチ第三帝国におけるユダヤ人迫害』 人文書院 1990年
・貨幣価値の比較 ドイツ連邦議会の2016年の資料より
https://www.bundestag.de/resource/blob/459032/1d7e8de03e170f59d7cea9bbf0f08e5c/wd-4-096-16-pdf-data.pdf

第4章
・ラッセル・フリードマン（渋谷弘子訳）『正義の声は消えない－反ナチス・白バラ抵抗運動の学生たち』汐文社 2017年 （＊6）
・ティモシー・スナイダー（布施由紀子訳）『ブラッドランド（上・下）』筑摩書房 2015年
・ハンス君のつまずき石HP（https://www.stolpersteine-berlin.de/en/biografie/6330）
・イェルク・フリードリヒ（香月恵里訳）『ドイツを焼いた戦略爆撃－1940-1945』みすず書房 2011年
・フレート・ブライナースドルファー編（石田勇治／田中美由紀訳）『「白バラ」尋問調書－「白バラの祈り」資料集』未来社 2007年
・ロバート・ジェラテリー（根岸隆夫訳）『ヒトラーを支持したドイツ国民』みすず書房 2008年
・渡辺洋二『夜間戦闘機－ドイツの暗闇のハンティング』光人社 2002年
・「Historical Analysis of the 14-15 February 1945 Bombings of Dresden」USAF Historical Division Research Studies Institute

最終章
・石田勇治『過去の克服－ヒトラー後のドイツ』白水社 2014年
・ヴォルフガング・ヴィッパーマン（林功三／柴田敬二訳）『議論された過去－ナチズムに関する事実と論争』未来社 2005年

【NHK番組制作スタッフ】

『独裁者ヒトラー　演説の魔力』

(2019年2月3日放送)

語　り	光岡 湧太郎
声の出演	櫻井 筆人
撮　影	金沢 裕司
音　声	塩田 貢　高橋一三
映像技術	御供 孝裕
ＣＧ制作	宮澤 司朗
音響効果	田中 繁良
編　集	日高 隆志
コーディネーター	ベティーナ・ポスト 小林
リサーチャー	藤澤 哲
ディレクター	大島 隆之
制作統括	稲毛 重行
	伊川 義和

装　　丁
本 文 組　今井秀之

校　　正　聚珍社

編集協力　高田博行（言語学者・学習院大学教授）

NHKエンタープライズ

松原敬之

中嶋美保

写真提供　NHK

本書は、P284に明記した番組をもとに書き下ろし、
書籍化にあたり改題したものです。

大島隆之（おおしま・たかゆき）

1979年東京生まれ。東京大学文学部歴史文化学科卒業。2002年よりNHKエンタープライズ・ディレクター。戦争や災害をテーマとしたドキュメンタリー番組を多く制作。著書に『巨大津波　その時ひとはどう動いたか』、『特攻の真実　なぜ、誰も止められなかったのか』などがある。

独裁者《どくさいしゃ》ヒトラーの時代《じだい》を生《い》きる
演説《えんぜつ》に魅入《みい》られた人《ひと》びとと「つまずき石《いし》」

2020年4月30日　第1刷発行

著　者　大島隆之《おおしまたかゆき》

発行者　茨木政彦

発行所　株式会社集英社
〒101-8050　東京都千代田区一ツ橋2-5-10
電話　編集部 03-3230-6143
読者係 03-3230-6080
販売部 03-3230-6393（書店専用）

印刷所　中央精版印刷株式会社

製本所　ナショナル製本協同組合

ISBN978-4-08-788035-9　C0022